KB079291

어느 날,
아들이 자퇴를 선언했다

어느 날,
아들이 자퇴를 선언했다

ⓒ 이해준, 2024

초판 1쇄 발행 2024년 5월 19일

지은이   이해준
펴낸이   이해준
편집   좋은땅 편집팀, 이태리
펴낸곳   도서출판 바다사이
주소   경기도 성남시 분당구 성남대로51 포스빌 276호
전화   1599-9093
팩스   0504-201-4902
이메일   someofsea@naver.com
홈페이지   https://blog.naver.com/leehaejune_lab

ISBN   979-11-982467-2-1 (03300)

방황하는 **사춘기 자녀들**에게, 그리고 **부모들**에게 전하는 **보석 같은 이야기**

어느날 아들이 자퇴를 선언했다

반에서 1등을 하다
6등급이 2등급으로

이해준 지음

인생을 선택하려는 아들 VS. 인생의 깨달음을 주려는 아빠

"아빠, 내 인생인데 설마 그렇게 막 살겠어?"

갈등을 극복하는 소통의 과정

삶을 주도적으로 이끄는 자녀의 변화

자녀의 성장과 부모 역할에 대한 담론

도서출판
붓들이

부모가 성찰해야, 자녀가 성장한다

언제부터인가 설날에 아버지께 세배를 하고 나면 주체할 수 없는 눈물이 흐르기 시작했다.

그 눈물의 의미는 자식으로서 아버지를 평안하게 모시지 못한 죄스러움과 팔순이 넘은 나이에도 여전히 경제 활동을 하고 계시는 아버지에 대한 미안함 때문일 것이다.

그래서 아버지는 나에게 첫 번째 눈물 버튼이다. 간혹 TV나 유튜브에서 아버지를 소재로 한 영상들을 볼 때면 코끝이 찡해지고, 쉴 새 없이 눈물이 나오곤 한다.

며칠 전, 생일을 맞은 아들은 내가 쓴 생일 편지를 읽으면서 눈물을 쏟고 말았다.

그 모습을 바라보고 있던 나도 아내도 함께 울었다.

지난 5년 동안 사업의 부진으로 인한 경제적 위기로 아들이 가장 예민한 시기에 가장으로서의 역할을 제대로 하지 못한 것 같은 미안함을 생일 편지에 담아 표현했는데, 그 감정의 표현들이 아들에게 고스란히 전달된 듯하였다.

아버지에게는 자식으로서 도리를 다하지 못한 죄책감이라면, 아들에게는 가장으로서의 역할을 제대로 하지 못한 미안함이 늘 배어 있었다.

그래서 아들은 나에게 두 번째 눈물 버튼이다.

지난 1년여 간 자퇴 문제로 아들과 심각한 갈등을 겪은 것처럼 보이지만, 우리에게 그 시간은 인생의 깨달음을 얻는 과정을 함께 겪으며 서로가 서로를 더 애틋하게 바라보고, 서로의 삶을 응원하는 계기가 된 것은 분명하다.

《어느 날, 아들이 자퇴를 선언했다》는 단순히 자녀와의 갈등을 극복하는 과정을 그린 책이 아니다. 부모와 자녀의 커뮤니케이션에 관한 책이며, 부모의 성찰이 자녀에게 어떤 영향을 미치는지를 담은 책이다.

또한 부모가 살아가면서 자녀에게 가르쳐 주어야 할 것들을 정리한 책이다.

결국, 이 책은 부모의 성찰이 자녀의 성장으로 이어진다는 담론을 제시하고 있다.

지난 2년여간 놀라울 정도로 성장한 아들에게, 변함없이 나를 신뢰해주는 아내에게, 천진난만하고 자유분방한 사랑스러운 딸에게 다시 한번 고마움을 전하며, 나는 부모로서 앞으로도 변함없이 성찰해 나갈 것이다.

2023년 12월 31일

목차

Ⅰ. 어느 날, 아들이 자퇴를 선언했다

Ⅱ. 아들과의 인생 대화

Ⅲ. 아들의 변화

Ⅳ. 전설이 되어 가는 아들

V. 성찰하는 아빠, 성장하는 아들

VI. 알고 보면 우리도 부모가 처음

I

어느 날,
아들이 자퇴를 선언했다

1

아들의 폭탄선언

평화로웠던 일요일 저녁 어느 날, 고등학교 1학년 아들이 방에서 나와 거실에 있는 우리 부부에게 폭탄선언을 했다.

"아빠, 나 자퇴 시켜줘. 자퇴 하고 싶어."

"자퇴?"
"응, 자퇴."
"갑자기 왜?"
"그냥 학교 다니기 싫어."

학교폭력 피해자였던 아들.

아들은 2년 전, 중학교 2학년 때 3학년 일진 선배들에게 집단 폭행을 당했던 학교폭력 피해 학생이었다. 아들의 학교폭력 피해 사실을 인지하고 나서, 폭행 동영상을 확보하고 모든 사안을 처음부터 끝까지 내가 직접 마주했다.

지금이야 아무렇지 않게 이야기하지만, 그 당시에 모든 상황들이 나에게는 최악이었다.

폭행 사건 후, 한동안 방에서 나오지 않는 무기력한 아들의 모습을 바라보면서 가슴 아파했고, 자가 면역 질환을 앓고 있던 아내는 극심한 스트레스로 인해 우울증과 불안함이 가중되어 증상이 악화된 상태였다.

자녀가 학교폭력을 당하면 그때부터 피해 가족은 지옥을 경험한다.

아들의 학교폭력은 신고부터 학교폭력대책심의위원회까지 약 두 달의 시간이 소요되었지만, 그 시간은 평범한 가장이 마주하기에는 너무나 버거운 시간이었다.

엄연히 폭행 동영상이 존재하는 직접적인 증거가 있음에도 불구하고 아들은 오히려 쌍방 폭력의 가해자로 특정되어 학폭위에 회부되었고, 학교와 교육청은 기계적 중립을 표방하며 방관자일 뿐이었다.

어느 누구도 학교폭력 피해 학생과 가족들의 상처를 가슴으로 이해해 주지 않는다.

학교폭력이 발생되면 누군가에게는 한 사람의 인생이 달린 가장 중차대한 문제이지만, 또 다른 누군가에게는 그저 기피하고 싶고 마주하기 싫은 업무 중의 하나일 뿐이다.

아들의 학교폭력이 발생되고 나서 학교폭력 변호사를 선임하려고 고민했었다. 그러한 방법이 부모로서 최선이라고 생각했고, 의무라고 생각했기 때문이다. 그러나 현실은 냉혹했다. 규모가 있는 학교폭력 전문 로펌일 경우에는 약 900만 원의 변호사 선임 비용을 요구했고, 전관 변호사일 경우에는 최소 500만 원의 변호사 선임 비용을 요구했다.

몇 년 전 사업을 시작하고 나서 가뜩이나 경제적으로 형편이 어려웠던 내 입장에서는 선뜻 결정할 수 있는 문제가 아니었다.

하지만 가장으로서 자괴감에 빠져 있던 나에게 아내는 예상치 못한 제안을 했다.

"변호사 없이 당신이 직접 해 봐. 당신은 잘할 수 있을 거야. 회사 다닐 때 기획 분야에서 일을 했었고, 누구보다 당신은 논리적이잖아. 내가 보기에는 그 어떤 변호사보다 당신이 더 잘 해낼 수 있을 것 같은데? 당신이 직접 공부해서 대응을 하면 지율이에게도 좋은 교육이 될 거야. 그리고 나중에 학교폭력을 당한 가족들에게 도움을 줄 수도 있잖아."

아내의 제안에 당황했지만, 그때 당시에는 그 방법밖에 선택의 여지가 없었다. 그날부터 나는 본격적으로 학교폭력 예방법의 조문과 학교폭력 매뉴얼을 공부해 가면서 학교폭력의 현실을 직접 마주하게 되었다.

아들의 학교폭력 사안을 직접 마주하고 난 후, 나는 《아빠가 되어 줄게》라는 책을 출간하게 되었고, 책을 출간한 이후에는 [이해준학교폭력연구소]라는 개인 연구소를 설립하여 본격적으로 학교폭력 피해 부모들과 상담하면서 그들의 상처 치유에 집중하고 있다.

학교폭력 피해 부모들과 상담을 하면서 가장 강조하는 것은 학교폭력 대책심의위원회의 선도 조치 결과가 아닌 학교폭력 처리 과정에서 보여 주는 부모들의 모습이 중요하다고 강조한다.

대부분의 피해 부모들은 가해 학생들에 대한 무거운 선도 조치가 자녀의 상처 극복에 도움이 될 것이라고 생각하지만, 그것보다 더 중요한 것은 학교폭력의 처리 과정을 마주하는 피해 부모들의 모습이다. 학교폭력이라는 가정의 위기를 마주하는 부모의 모습을 보면서, 피해 자녀는 위로를 받기 때문이다.

더욱이 위기를 마주하는 부모의 그 모습은 결국 자녀가 앞으로 살아가면서 삶의 위기를 맞이했을 때 극복하는 모습이 될 것이기 때문이다.

아들의 학교폭력 사건 이후, 우리 가정은 참 많은 것들이 변했다.

무엇보다 아들을 대하는 나의 태도가 바뀌었고, 자녀 교육과 양육 방식도 바뀌었다.

이러한 변화는 아들과의 관계에도 더 긍정적으로 작용했다.

그렇게 아들의 학교폭력 트라우마가 완전히 극복되었다고 생각하고 있던 찰나에, 아들은 자퇴 이야기를 꺼내며 분위기를 급반전시켰다.

내 입장에서는 아들의 자퇴 이유가 혹시나 학교폭력 때문이지는 않을까? 하는 생각에 신경이 곤두설 수밖에 없었다.

2

도대체 왜?

　아들의 갑작스런 자퇴 선언을 듣고, 우리 부부는 당황스러움에 한동안 아무런 말을 하지 못했다.

　전혀 예상하지 못한 이야기였고, 이야기하는 아들의 표정도 평소에는 볼 수 없었던 심각함과 진지함이 배어 있었기 때문이다.

　"이유가 있을 거 아니야? 갑자기 왜 자퇴를 하겠다는 거야? 혹시 학교 폭력 당하고 있어?"

　"아니야, 그런 거."

　"솔직하게 이야기해 봐, 고등학교 일진들이 혹시 너를 괴롭히고 있어?"

　"아니야, 아이들하고는 별 문제 없어."

　"아이들하고 별 문제가 없는데, 왜 갑자기 자퇴를 하겠다는 거야?"

　"학교 다니기 싫어."

　"그러니까 왜 갑자기 학교를 다니기가 싫은 건데?"

　"학교가 공부할 분위기도 아니고, 학교 선생님들도 너무 짜증 나."

　"음…. 자퇴하면 어떻게 하려고?"

　"뭘 어떡해, 공부해서 검정고시 보고 대학 준비해야지."

"음…. 오랜 고민 끝에 결정 한 거야?"

"응."

"일단, 알았어. 엄마 아빠는 기본적으로 너의 의견을 최대한 존중하는데 이 사안은 무조건 존중해야 될 사안은 아닌 것 같아. 그 이유는 네 인생에서 아주 중요한 선택과 결정이 될 수 있기 때문이야."

"응, 알았어."

예전 같았으면 아들의 의견에 논리적으로 반박하며 일장 연설을 했겠지만, 지금의 상황에서 섣불리 아들을 설득하려고 한다면 오히려 역효과가 날 것 같아서 일단은 아들의 이야기를 들어준 것으로 마무리했다.

아들은 그렇게 평화롭던 우리 가정에 또다시 폭탄을 던져 놓고, 자신의 방으로 유유히 걸어 들어갔다.

"당신도 알고 있었어?"

"뭐, 자퇴?"

"응."

"아니, 나도 오늘 처음 듣는 이야기야."

"그래도, 조짐은 있었을 것 아니야."

"언제부터인가 아침에 깨울 때마다 학교 가기 싫다고 짜증을 부리긴 했지. 그리고 학교에 대해서 자꾸만 부정적인 이야기를 하길래 걱정은 좀 했었는데, 이렇게 자퇴 이야기를 할 줄은 정말 꿈에도 생각하지 못했어."

"음…."

"이 문제를 어떻게 해결하지? 너무 갑작스러워서 뇌정지가 온 것 같아."

"이제까지 한 번도 공부를 해 보지 않은 아이가 어느 날 갑자기 공부를 하기 위해서 자퇴를 한다고 하면 어떤 부모가 흔쾌히 허락을 해주겠어?"

"그렇지. 자기주도학습이 돼서 어느 정도 공부를 하던 아이가 자퇴를 한다고 하면 모를까, 시험 기간에도 공부를 안 하던 아이가 갑자기 자퇴를 하고 혼자서 어떻게 공부를 해?"

"보아하니 충동적으로 이야기한 것은 아닌 것 같으니까, 일단 시간을 두고 좀 고민을 해 보자."

자녀가 잘 다니고 있던 학교를 자퇴한다는 것에 두 손 들고 환영할 부모는 없을 것이다. 아들의 생각을 최대한 존중해 줘야 한다고 생각하지만, 아들의 인생을 뒤바꿔 놓을 수 있는 자퇴는 막연히 존중해 줄 수 있는 개념은 아닌 듯하다.

그날 밤, 아내와 나는 뜬눈으로 밤을 새웠다.

3

자퇴에 대한 인식

"어머님, 지금 상황에서는 딸이 계속해서 학교에 다니기 힘든 상황입니다."

"그럴까요? 소장님"

"네, 제가 보기에는 그렇습니다. 설사 이 사안이 학교폭력대책심의위원회에서 가해 학생이 선도 조치를 받는다고 해도, 딸은 어쩌면 학교에 다닐 수 없는 상황으로 내몰릴 수도 있습니다.

딸은 학교폭력에 대한 상처와 두려움이 생각보다 큽니다. 그러다 보니 학교를 배움터가 아닌 두려움과 공포의 대상으로 인식하고 있습니다.

딸이 이러한 두려움을 극복할 수 있는 마음의 근육을 만들지 못한다면 학교를 계속해서 다니기에는 어려움이 있을 겁니다."

"그럼 어떻게 해야 할까요? 소장님."

"일단 딸의 의견을 최대한 존중해 줘야 할 듯합니다. 딸이 혹시라도 전학을 원한다면 적극적으로 검토하셔야 합니다."

"만약에 자퇴를 이야기한다면 어떻게 해야 할까요?"

"음…… 가장 좋은 방법은 지금의 상황을 극복하는 것이 최선의 방법이긴 하지만, 그럼에도 불구하고 딸이 더 이상 학교를 다니지 못할 것 같다고 이야기한다면 자퇴도 하나의 방법이 될 수 있습니다."

"네, 딸과 좀 더 이야기해 보도록 하겠습니다."

기본적으로 나는 자퇴에 대해 부정적이지 않다. 더욱이 요즘 우리가 살고 있는 사회에서 자퇴는 더 이상 주홍 글씨처럼 사회적 편견으로 인식되지 않는다.

학교폭력 피해 부모들과 상담을 하게 되면 제일 먼저 피해 자녀의 현재 심리 상태를 점검하고, 사안에 따라서 심각한 상황이라고 판단이 될 때는 피해 부모들에게 먼저 자퇴에 대해서 이야기하는 경우도 있다.

자퇴가 때론 학교폭력을 당한 피해 자녀의 상처를 극복하기 위한 하나의 방편이 되기 때문이다.

피해 자녀의 입장에서 학교라는 배움터가 공포와 두려움으로 인식이 된다면, 학교에 다니는 것 자체가 어쩌면 지옥의 불구덩이로 떠밀리는 것과 같을 것이다.

아들이 고등학생이 되면서부터 삶의 주체가 자신이 되어야 한다고 끊임없이 강조해 왔다.

모든 선택과 결정은 삶의 주체인 자신이 결정하는 것이고, 그 선택과 결정으로 일어나는 모든 결과도 자신이 책임지고 감당해야 한다고 이야기를 해 왔다.

그럼에도 아들의 자퇴 선언에 당황했던 이유는 너무 갑작스럽기도 했고, 자퇴의 이유가 다소 불분명했기 때문이다. 차라리 아들이 2년 전 발생된 학교폭력의 트라우마로 인해 심리적으로 고통스러워했다면, 나는 아들의 자퇴 선언에 수긍했을 것이다.

또한 아들이 구체적인 자신의 목표를 이야기하며 우리를 설득했다면, 아들의 의견을 최대한 존중했을 것이다.

그런데 아들은 구체적인 목표도 없이 막연히 학교에 갈 시간에 더 집중해서 공부하고, 원하는 대학에 남들보다 먼저 가기 위해 자퇴를 하고 싶다고 이야기했다.

이제껏 한 번도 제대로 공부해 보지 않은 아이가 어느 날 갑자기 공부를 할 수 있단 말인가?

공부를 하는 방법조차, 공부에 대한 루틴조차 경험하지 못한 아들이 공부를 하기 위해 자퇴를 하겠다는 이야기가 내 입장에서는 그저 공허한 메아리처럼 들리는 것은 어쩌면 당연한 일이었다.

학교폭력 피해 부모들에게 자녀의 자존감 생성을 위하여 삶의 주체를 자녀가 인식할 수 있게 해야 하고, 자녀의 선택과 판단을 최대한 존중해야 한다고 강조하고 있다.

그런 내 입장에서 과연 아들의 자퇴 선언을 있는 그대로 받아들여서 너의 선택과 판단을 존중한다고 이야기하는 것이 과연 맞는 것인지, 아니면 아들 인생의 중차대한 선택과 결정에 부모가 직접 개입하여 강력하게 부모의 의견과 주장을 관철해야 하는 것이 맞는 것인지, 그렇게 나의 딜레마는 본격적으로 시작되었다.

4

자퇴의 전조 현상

아들은 고등학교에 입학하고 나서 학급 회장 선거에 나가겠다고 선언했다.

초등학교 때부터 학급 회장에 관심도 없었고, 경험도 없던 아들이 학급회장에 선출되고 나서부터는 더 의욕적으로 누구보다 열심히 학교생활을 하고 있다고 생각했다. 그런데 뜬금없이 자퇴를 하겠다고 이야기하니까 당황할 수밖에 없었다.

그러나 아들의 자퇴 선언은 우발적으로 결정한 사안은 아닌 듯하다.

돌이켜 보면 자퇴에 대한 몇 가지 전조 현상이 있었다. 1학기 학급 회장이 되고 난 후, 아들은 학교에서 벌어지는 일들에 대해서 우리 부부에게 시시콜콜 이야기를 했었고, 자신의 목표에 대해서도 거침없이 이야기를 해 왔었다.

그러던 어느 날, 얼굴빛이 어두워진 아들이 걱정이 되어 한차례 물어본 적이 있었다.

"요즘 스트레스 많이 받아? 얼굴빛이 별로 안 좋네?"

"조만간에 학교에서 체육대회를 하는데 우리 반하고 11반하고 한 팀으로 결성이 되었거든? 그런데 11반 아이들이 도저히 통제가 안 돼."

"11반에도 학급 회장이 있을 것 아니야?"

"있긴 있는데 걔는 아무런 생각이 없어. 준비해야 할 것들은 많은데 아무것도 안 하려고 해. 정말 미치겠어. 아빠."

"음… 그래서 어떻게 하고 있는데?"

"처음에는 너무 화가 나서 짜증도 내 보고 달래 보기도 했는데…. 아, 진짜 미치겠어. 다 혼내 주고 싶어. 나 혼자 죽어라 뛰어다니며 일하고 있고, 선생님은 왜 나한테 준비가 안 되었냐고 질책하고…."

"너희 반 아이들은 어때? 통제가 잘 돼?"

"그나마, 우리 반 아이들은 나를 도와주려고 하는데, 문제는 11반 아이들이지."

"그래도 다행이네, 같은 반 아이들이 도와줘서."

"아빠, 이 상황을 어떻게 하면 좋을까?"

"음… 아빠가 보기에는 그러한 일들은 어느 조직에서든 반복되는 현상이야. 아빠도 예전에 회사 다닐 때 그랬어. 무슨 행사를 진행하려고 하면 모두 팔짱 끼고 관망만 하고, 말만 거창하게 하지 실제로는 아무도 움직이지 않았어. 단순히 학교에서만 벌어지는 일들이 아니고, 사회에서는 이러한 일들이 무수히 반복돼. 아빠는 네가 이번 기회에 사람 다루는 방법을 익혀 봤으면 해."

"어떻게?"

"일단 어느 조직이든 감투를 쓴 사람은 욕을 먹기 마련이야. 잘해도 본전, 못해도 본전이라는 말이지. 너무 잘하려고 욕심부리지 마. 일일이

네가 다 신경 쓰면서 예민하게 되면 너 자신도 힘들지만 너를 바라보는 아이들도 힘드니까."

"최대한 짜증을 안 내려고 하는데 그게 참 쉽지가 않아."

"그래도 너희반 아이들은 너를 적극 지지하니까 그게 다행인 거야. 아빠가 보기에는 모든 아이들을 만족시킬 수는 없어. 모든 아이들을 만족시키겠다는 것은 욕심이야. 스스로가 원칙을 가지고 임해야 돼. 예를 들어 11반 아이들과 한 팀을 이루었다면 11반 회장 아이에게 팀을 이루어서 진행되어야 하는 일들이 있으니, 그 준비에 대한 것들은 각각의 기한(due date)을 정해서 회장 아이에게 이야기를 해. 그냥 해 달라는 이야기와 구체적인 날짜와 시간을 두고 이야기하는 것은 상대방이 받아들이는 무게감이 다르거든. 그리고 조직을 통솔하는 데 가장 중요한 것은 강력한 서포트를 해 주는 인원이야.

아빠가 보기에는 일단 같은 반 아이들은 적극적으로 지지를 해 주니까 11반 아이들 중에서 너를 지지하는 아이들을 만들어 놔야지. 남자아이들 몇 명에게 너의 사정을 잘 이야기하고, 도와달라고 읍소해 봐. 마음을 열고 속마음을 이야기하면 아이들이 너의 진심을 느낄 거야. 그리고 남학생과 여학생을 구분해서 네가 좀 전략적으로 커뮤니케이션을 하는 것이 좋을 것 같아."

"어떻게?"

"일단 11반 남자아이들에게는 아까 말한 것처럼 남자 대 남자로 도와달라고 이야기해 봐. 대부분 상대방이 정식으로 도와달라고 요청을 하면 거부할 아이들은 별로 없을 거야. 단, 그 아이들은 11반에서 나름 영향력이 있는 남학생들이어야 하겠지? 나름 리더십이 있어 보이는 아이들을 네가 선별해서 그 아이들에게 도움을 요청해 봐. 여학생들 같은 경우에는 남학생들 하고는 접근하는 방식이 좀 달라. 원칙적으로 드라이하게 이야기하면 오히려 더 거부감을 가질 수 있어.

여학생들에게는 필요에 따라서 애교도 좀 떨고, 능글맞게 이야기할 필요도 있어. 가끔 웃긴 이야기들도 해 가면서 부탁을 좀 해 보는 그런 유연한 커뮤니케이션 전략이 필요할 거 같은데? 남학생들에게는 너라는 아이를 믿을 만한 아이로 인식을 시켜야 하고, 여학생들에게는 재미있고 열심히 하는 아이로 인식을 시킨다면, 아빠가 보기에는 자연스럽게 11반 아이들도 너를 지지할 것 같은데? 단, 짜증이 나거나 화가 날 때는 그 모습을 딱 한 번만 보여 줘. 그 한 번은 네가 참고 참았을 때 딱 한 번이어야 돼. 단순히 네가 화를 내면 상대방 아이들이 미안한 마음을 갖게 해야 하는데, 만약 그러한 모습을 여러 번 보여 준다면, 아이들은 미안한 마음보다 너의 화내는 모습을 보고 더 짜증이 날 거야. 화내는 모습은 딱 한 번만 보여 주고, 그 이후로는 짜증 나고 힘들더라도 여유롭게 웃는 모습을 보여 줘 봐."

"응, 일단 알겠어. 그렇게 해 볼게."

"완벽하게 모든 이들을 만족시켜야 한다는 생각은 버리고, 너의 원칙을 유지하되 그 원칙에 대해서 지지하는 서포트의 인원들은 분명히 있어야 돼. 리더는 조직 내에서 소수의 강력한 지지자들이 있다면 운영하는 데 큰 문제가 없어. 아빠는 이번 기회에 네가 조직을 이끄는 방법, 사람들의 지지를 얻는 방법들을 직접 경험해 봤으면 해. 만약에 아빠가 말한 대로 체육대회가 잘 끝난다면 11반 아이들에게서 너의 존재감은 뇌리에 깊게 박힐 거야. 그렇게 되면 네가 앞으로 고등학교생활을 하는 데도 큰 도움이 될 수 있을 거야."

"알았어."

아들의 이야기를 들었을 당시에는 단순히 학급 회장이라는 감투를 처음 경험하면서 당연히 마주해야 하는 것들이라고 생각되어 내가 경험한 사회생활을 토대로 조언을 해 주었는데, 아마도 아들은 그러한 사건 외에 여러 가지의 다양한 일들을 겪으면서 친구들에게 실망감을 느꼈을지도 모른다. 더욱이 공명심이 강한 아들의 입장에서는 자신의 선한 의도가 왜곡되어 상대방에게 전달이 되었다는 것을 느꼈다면, 아들은 상상 이상의 실망감과 자괴감을 느꼈을 것이다.

그렇다고 아들이 단순히 아이들에 대한 실망감 때문에 자퇴를 선언할 만큼 무모하지는 않다. 누구보다 자신의 목표가 명확한 아들은 스스로에 대한 자존감이 높은 아이이기 때문이다.

"그러고 보니, 며칠 전부터 좀 이상하긴 했어."

"어떻게?"

"지율이가 ○○네 집에서 주말에 몇 번 자고 온 적이 있잖아?"

"응, 그래 몇 번 자고 왔지."

"○○네 누나가 자퇴하고 나서 검정고시를 보고 이번에 대학에 갔다고 했거든."

"그래?"

"거기 한 번씩 다녀오고 나면 ○○네 누나 이야기를 많이 했었어."

"어떤 이야기?"

"자퇴해서 검정고시를 보면 별다른 불이익이 없고, 오히려 학교 다니는 것보다 검정고시 보는 게 더 낫다고 말이야."

"음…. 그럼 오래전부터 자퇴에 대해서 고민하고 있었을지도 모르겠네."

"그런 것 같아."

정확하게 시간을 특정할 수는 없지만 아내의 이야기를 들어 보면, 아들은 몇 달 전부터 자퇴에 대해서 심각하게 고민해 온 듯하다.

그러다가 여러 정보를 취합한 결과 지금 고등학교 1학년 1학기 때 자퇴하고, 내년에 검정고시를 보고 졸업할 경우 다른 학생들에 비해 빨리 대학에 입학할 수 있다는 사실을 알게 된 것이다.

아들의 자퇴 결정은 스스로 고민해서 내린 최선의 선택이었다.

그래서 더 머리가 아팠다. 차라리 충동적으로 이야기했으면 더 좋았을 걸 말이다.

5

무언(無言)의 시위

자퇴 선언 이후, 아들은 우리 부부에게 지속적으로 유튜브 동영상 링크를 카카오톡으로 보내 주고 있다. 그 영상의 대부분은 고등학교 자퇴후, 열심히 공부해서 서울대학교에 입학했다는 영상, 외국 대학교에 입학했다는 영상, 사회적으로 성공했다는 영상 등 모두 자퇴한 사람들의 성공 스토리들뿐이었다.

그럴 때마다 아들에게 이야기하고 싶었다. 그들이 성공한 이유는 자퇴를 해서 성공한 것이 아니라, 자퇴와 상관없이 목표를 이루기 위한 스스로의 노력 때문이라는 것, 스스로의 목적의식이 명확했기 때문에 성공했다는 것을 말이다.

그리고 자퇴를 해서 성공한 사람보다 실패한 사람이 더 많다는 것도 이야기해 주고 싶었지만, 아들에게는 지금 그런 이야기가 들릴 리 만무했다.

아들은 여전히 자신이 공부를 하지 못하는 것은 지금의 환경 때문이라고 생각하고 있는 것 같다. 그리고 자퇴만 하면 공부에 더 집중할 수 있을 것이라고 크게 착각하고 있는 듯하다.

아들의 말수가 급격히 줄어들었다.

저녁마다 아내와 나를 거실로 불러서 이러쿵저러쿵 이야기하는 것을 즐겼던 아들은 밥을 먹을 때도 나와 눈을 마주치지 않았다.

매번 엄마가 해 주는 음식에 극찬을 하며 엄마의 기분을 좋게 해 주었던 아들이었는데, 요즘은 조용히 밥만 먹고 방으로 들어갔다. 자퇴 선언 이후, 묻는 말에만 단답형으로 대답을 할 뿐 자신의 방으로 들어가 문을 닫고 좀처럼 나오지 않았다.

굳게 닫힌 아들의 방문이 만리장성처럼 느껴졌다.

아들은 지금 무언(無言)의 시위를 하고 있다.

하루빨리 결정을 내려달라는 요구, 어쩌면 자신의 인생에서 가장 중요한 선택과 결정을 우리 부부에게 요구하고 있는 것이다.

생각해 보면 아들은 이제껏 공부하는 모습을 한 번도 보여 준 석이 없었다.

물론 아들의 입장에서는 엄마, 아빠가 안 볼 때 공부를 했다고 이야기할 수 있겠지만, 초등학교 때부터 근 10년 가까이 부모에게 공부하는 모습을 단 한 번도 들키지 않았다는 것은 현실적으로 불가능한 일이기 때문이다.

서먹해진 분위기를 조금이나마 풀어 보고자 아들의 방 문 앞에 서서 조심스럽게 노크를 해 본다.

노크를 하는 그 순간에도 어느 시골집의 '개 조심'이라는 문구가 써져 있는 대문 앞에 마주한 듯한 극도의 긴장감이 다가온다. 두세 번의 노크에도 아무런 미동이 없다. 대개 이럴 경우에 아들은 헤드셋을 끼고 유튜브를 보고 있을 가능성이 높다.

문을 열고 들여다보니 역시나 아들은 세상에서 가장 안락하고 편안한 자세로 헤드셋을 끼고, 유튜브 영상을 보며 즐거워하고 있었다. 지금의 상황에서 아들이 이토록 천진난만한 모습으로 있다는 것이 신기할 따름이었다.

"안 자?"

"자야지."

"일찍 자야 내일 학교 가지?"

"아빠, 내가 알아서 할게."

"어, 그래…."

빨리 내 구역에서 나가 줬으면 하는 아들의 목소리는 날이 선 듯 차가웠고, 드라이했다.

문을 닫고 나오는 순간 그동안 참아 왔던 인내심이 한순간에 폭발해 오는 것을 가까스로 참았다.

자가 면역 질환이 있는 아내는 스트레스에 많이 취약하다. 잘 지내다가도 스트레스를 받게 되면 몸의 다양한 곳에 염증이 생겨 힘들어한다.

며칠 동안 엄마는 잠 한숨 못 자고 얼굴이 반쪽이 되었는데, 정작 당사자인 아들은 해맑은 얼굴을 하고, 세상에서 가장 편안한 자세로 밤늦게까지 유튜브를 보고 있다는 사실에 너무나도 화가 났다. 그리고 17년 동안 애지중지하며 키워 왔던 아들이 그날은 참 낯설게만 느껴졌다.

언제까지 이러한 일들이 반복될까?

아들이 원하는 대로 자퇴를 허락해 주면 아들의 일상은 바뀔 것이고, 아들이 원하는 목표를 이룰 수 있을까?

아들을 의심하는 것이 아니라, 나는 여전히 아들의 루틴을 의심할 뿐이다.

6

춘천의 도사를 찾아가다

자식에 대한 고민을 제3자에게 토로하는 것은 쉽지 않은 일이다. 친한 친구는 물론이고 형제지간에도 말이다. 아들의 자퇴 선언 이후, 며칠 동안 고민만 하다가 불현듯 춘천의 도사 형님이 생각났다.

그 형님으로 말할 것 같으면 4살 터울인 친형의 친구이고, 현재는 춘천에서 철학관을 운영하고 있다.

20여 년 전 처음 그 형님과 마주하였을 때는 엉터리 도사라고 생각했었는데, 시간이 지날수록 그 형님의 이야기들이 하나둘씩 적중했었다는 사실에 놀라웠고, 세월이 흐르면서 공력이 많이 높아졌다는 것을 느끼게 되었다.

그래서 중요한 선택과 결정을 할 때마다 그 형님의 조언을 듣고 마음의 안정을 찾기도 하고, 길을 찾기도 했다. 생각해 보면 춘천의 도사는 나에게 인생의 내비게이션 같은 존재다.

아내는 성당에 다니고 나서부터 춘천에 가지 않았지만, 이번에는 아내도 많이 답답했는지 나와 함께 춘천의 도사를 만나러 갔다.

"무슨 일로 제수씨까지 왔어?"

"아들이 갑자기 자퇴를 하고 싶다고 하네."

"아들이 몇 학년이지?"

"고등학교 1학년."

"음… 사주가 어떻게 되지?"

"○○년 ○월 ○일 ○시"

"음……."

"자퇴를 해야 되나?"

"올해 지나면 괜찮을 거야. 그냥 바람이야."

"그럴까? 아들은 꽤 진지하고 심각하던데?"

"겁이 많은 아이야. 욕심도 많고, 하고 싶은 게 많으니까 그런 거고."

"그래?"

"응. 올해 지나면 괜찮아질 테니까 너무 걱정하지 마."

1시간여 동안 형님의 이야기를 듣고 나서 아내와 나는 조금이나마 안심을 했다.

아들이 자퇴하겠다는 의지가 시간이 지나면 나아질 것이라는 도사 형님의 그 말이 지난 며칠 동안 우리 부부의 고민에 대한 위로가 되었던 것은 분명하다. 집으로 돌아오는 차 안에서 아내가 이야기를 한다.

"시간이 지나면 괜찮아진다고 하니까 그래도 다행이다."

"그래도 마냥 시간이 지나가기만을 바랄 수는 없지."

"그럼 어떡해?"

"지금 상황에서는 최대한 시간을 끄는 수밖에 없는데, 지율이 입장에서는 어떤 식으로든 빨리 결정 내리기를 원할 거야."

"그렇지. 지율이 입장에서는 1학기에 자퇴를 해야만 하니까, 그럼 당신은 앞으로 어떻게 할 계획이야?"

"설득을 해 봐야지."

"설득?"

그때까지 나는 아들을 잘 설득한다면 충분히 해결이 될 줄 알았다. 내 논리로 말이다.

7

2주 만에 아들에게 통보하다

그렇게 2주일의 시간이 지났다. 아들은 여전히 아침마다 학교에 가기 싫다며 아내에게 짜증을 부렸다. 그 짜증의 여파는 결국 나에게도 전달이 된다. 더 이상 그 광경을 도저히 지켜볼 수 없었던 나는 결국 아들에게 통보를 했다.

"엄마 아빠가 아무리 너의 의견을 존중한다고 하더라도 자퇴는 좀 다른 문제인 것 같아. 무작정 너의 의견을 수용해 줄 수는 없어. 엄마 아빠와 충분히 의논해서 결정할 사안이니까 시간을 가지고 좀 너 이야기를 해 보자."

"알았어."

"네가 자퇴를 하려고 하는 구체적인 이유에 대해서 엄마 아빠가 이해할 수 있게 논리적으로 설명을 해 줬으면 해. 적어도 이러한 중대한 사안에 대해서는 네가 엄마 아빠를 설득할 만한 주장과 근거를 제시해야 되지 않겠어?"

"알았어. 그럼 언제까지 준비할까?"

"다음 주 금요일에 각자의 논리로 이야기 해 보자."

"알았어."

일단 아들의 논리를 들어 볼 필요가 있다.

앞서 이야기했듯이 나는 자퇴에 대해서 부정적인 생각을 갖고 있지는 않다.

더욱이 학교폭력 피해 부모들과 상담하면서 자녀들이 원하는 방향으로 부모들이 해 주어야 한다고 이야기를 하고 있는 내 입장에서는 아들의 의견에 무작정 반대만 할 수도 없는 노릇이다.

부모와 자녀의 삶이 명확히 구분되어 있다면 자퇴라는 결정도 아들의 선택과 결정이고, 스스로가 마주해야 할 인생이기도 하다.

그래서 아들의 논리를 들어 보면 얼마나 치열하게 고민하였는지, 아니면 즉흥적으로 결정하였는지 알 수 있으니 최대한 아들의 이야기를 들어 보기로 했다.

의견 대립으로 인한 갈등이 발생되었을 때 가장 기본적이면서 중요한 것은 상대방의 이야기를 직접 들어 보는 것이다.

사회생활을 하면서 발생되는 오해와 갈등은 의외로 상대방에게 이야기를 직접 듣는 것이 아니라, 자신의 추측에 의하여 또는 제3자에게 전달된 내용으로만 인식되어 왜곡되는 경우들이 많다.

아들과의 갈등도 마찬가지다. 단순히 내 추측과 예상을 기정사실화하는 것이 아니라, 자연스럽게 아들의 현재 생각과 고민들을 직접 들어보고 이야기해 볼 수 있는 기회를 만드는 시간이 필요했다. 그렇게 함으로

써 갈등 해결의 단초를 마련하는 것이 지금으로서는 최선의 방법이 아닐까 생각해 본다.

분명한 것은 아들의 자퇴 결정이 현재로서는 즉흥적인 선택이 아니라는 것이다. 아들은 이미 자퇴 이후의 삶에 대해서 계획하고 있고 스스로 계획에 몰입되어 있다.

각자의 논리로 이야기해 보자는 나의 제안에 아들은 오히려 엄마 아빠를 설득할 수 있다고 자신하고 있는 듯하다. 그래서 한편으로는 불안하다.

내가 생각하지 못한 논리로 나를 설득시킬지도 모른다는 불안감 때문에 말이다.

8

아들의 논리

아빠는 늘 내 의견을 존중한다고 이야기하지만, 정작 중요한 사안에 대해서 내 의견을 존중하지 않는다.

고등학교에 입학하고 나서 공부에 대한 절실함을 느꼈다. 내가 원하는 경찰대학교를 가기 위해서 나는 지금보다 훨씬 더 좋은 성적을 받아야 하는데, 지금 상황에서는 내신 성적을 올리기가 힘들다.

더욱이 학교의 교과 수업은 너무나 지루하고, 선생님이 무슨 이야기를 하고 있는지 도통 이해를 할 수가 없다. 내 입장에서는 학교에서의 시간이 너무나 아깝다.

학교의 선생님들과 아이들에게 별다른 애정도 없다. 일부의 교과 선생님은 너무나 성의 없이 가르치기도 하고, 내가 학급 회장이라는 이유만으로 나에게 꼽을 주는 선생님들도 있다.

반 아이들 역시 마찬가지다. 학교 행사를 준비하기 위해 혼자 고민하고 여기저기 뛰어다녔음에도 불구하고, 그 아이들은 겉으로만 지지했을 뿐 뒤에 가서는 오히려 나를 비난했다.

학교생활 자체가 나에게는 별다른 의미가 없다. 학교에 가서 의미 없이 보내는 시간에 차라리 취약했던 수학 공부를 하는 데 힘쓰고, 틈틈이 나머지 과목을 공부한다면 충분히 내가 원하는 대학에 입학할 수 있다. 내가 원하는 대학에 들어가서 빨리 내 꿈을 펼치고 싶다.

자퇴는 더 이상 학교 부적응자의 전유물이 아니다. ○○네 누나도 자퇴를 하고 나서 검정고시를 보고, 학교에 갈 시간에 혼자 열심히 공부해서 원하던 대학에 합격했다.

유튜브에서도 많은 사람들이 자퇴를 하고 난 후 스스로 시간을 조절해 가면서 자신만의 목표를 위해 열심히 노력하고 있다.

학교를 다니지 않으면 내 시간을 훨씬 더 효율적으로 활용할 수 있다.

더욱이 1학기 내에 자퇴를 하게 되면 내년에 바로 검정고시에 응시할수 있다.

내 계획대로라면 나는 적어도 다른 아이들보다 1년이라는 시간을 앞서가게 된다.

자퇴는 공부하기 싫어서 하는 것이 아니라 공부에 더 집중하기 위해서하는 것이고, 지금으로서는 내 목표를 이루기 위한 최선의 선택이다.

엄마, 아빠는 나의 이러한 마음을 모른다.

9

아빠의 논리

앞서 이야기했듯이 나는 자퇴에 부정적이지 않다. 차라리 아들이 학교생활에 적응하지 못했거나, 학교폭력으로 인한 심각한 트라우마 때문에 자퇴를 한다면 충분히 아들의 마음을 이해하고, 나 또한 적극적으로 아들의 의견에 동조했을 것이다.

하지만 원하는 대학에 빨리 가기 위해서 자퇴를 한다는 아들의 주장에 나는 동조할 수가 없다.

이제껏 한 번도 제대로 공부를 해 보지 않았고, 자기 주도 학습의 경험조차 없는 아이가 하루아침에 공부를 한다는 것은 힘든 일이기 때문이다.

자퇴를 해서 사회적으로 성공했다는 사람들의 이야기를 들어 보면 공통적인 것들이 있다.

스스로 제어할 수 있을 만큼의 자기 주도 학습이 몸에 밴 아이들이거나, 공부 외에 다른 특별한 재주가 있는 아이들은 학교라는 공교육의 틀에서 벗어난다 하더라도, 충분히 자신만의 목표를 위하여 시간 관리를 하면서 끊임없이 노력했다는 것이다.

반면에 아들은 아직 아무것도 준비된 것이 없다. 내가 보기에는 그저 현실을 망각하고 환상에 젖어 있는 듯하다. 아들의 주장대로 자퇴가 좋은 대학을 가기 위한 최선의 선택과 방법이라면 우리나라의 공교육 시스템은 이미 무너졌고, 학교의 존재이유가 무색해지는 것이다.

자퇴하는 학생들보다 학교를 다니고 있는 학생들이 여전히 더 많은 이유는 학교라는 공교육 시스템이 아직까지는 유효한 배움터이기 때문이다.

아들은 어느 날 갑자기 생긴 자신의 의지만으로 공부를 할 수 있다고 생각하고 있는 듯하다. 물론 공부는 의지도 중요하지만, 공부하는 습관이 더 중요한데 말이다.

단순히 목표만 가지고는 공부를 할 수 없다. 목표는 불확실한 미래에 대한 자극이자 동기일 뿐, 그 과정까지 제어할 수는 없다.

인간이라는 동물은 과정을 겪으면서 스스로 합리화하기 시작한다. 그렇게 되는 순간 모든 행위에 대해서 스스로 합리화할 것이고, 목표에 대한 열망이 클수록 자신의 초라한 현실을 마주하는 순간 자괴감을 느끼게 될 것이다.

솔직히 17년을 키워 오면서 한 번도 공부하는 모습을 보지 못했는데, 자퇴를 하고 나서 혼자 공부를 제대로 할 수 있을지 걱정이 앞섰다.

아들의 인생을 최대한 존중하겠다고 다짐하고 다짐하지만, 이 문제는 아무리 생각해도 아들의 의견을 쉽게 존중해 줄 수 없을 것 같다. 향후의 미래가 뻔히 내다보이는데 아들이 원한다고 하더라도 부모로서 무책임하게 자퇴를 허락할 수가 없었다.

10

논리의 대결

　아들을 설득할 수 있는 논리가 있다고 생각했다. 단호하되, 최대한 부드럽게 이야기하면서 아들의 감정을 건드리지 않는 범위 내에서 담담하게 이야기할 것이다. 물론 처음부터 아들을 완벽하게 설득할 수는 없을 것이다. 다만 아빠의 논리가 훨씬 더 이성적이고, 합리적이라면 아들이 다시 한번 자퇴에 대해 고민하지 않을까? 당장의 설득보다 아들의 비약한 논리에 일침을 가하고 싶었다.

　"그래, 며칠간 고민 많이 했지?"
　"응."
　"그러면 너의 논리를 이야기해 봐. 왜 자퇴를 해야 하는지에 대한 논리, 그 논리는 엄마 아빠를 설득할 수 있는 충분한 근거가 있어야 돼."
　"응, 알았어."
　"네가 자퇴하려는 근본적인 이유가 뭐야?"
　"일단 학교가 공부할 수 있는 분위기가 아니야."
　"어떤 분위기인데?"
　"수업시간에 대부분의 애들이 자고 있고, 잠 안 자는 애들은 떠들고 있어서 도저히 수업에 집중할 수 있는 분위기가 아니야. 그냥 학교에 있는 시간이 너무 아깝다는 생각밖에 안 들어."

"그리고?"

"선생님들이 별로 열의가 없어."

"어떻게?"

"학습 분위기가 안 되어 있으면 분위기를 잡으려고 노력해야 하는데, 그냥 신경도 안 쓰고 성의 없이 진도만 나가. 수업 자체도 별로 흥미가 없어, 학교의 교과 과목 수업이 시간 낭비인 거 같아."

"그래서, 자퇴를 하겠다는 거야?"

"응."

"그러면 자퇴에 대해서 알아봤어?"

"응, ○○네 누나가 조언해 줘서 계속 이야기를 듣기도 하고, 여기저기 유튜브를 보면서 많이 참고했지."

"○○네 누나는 뭐라고 해?"

"자퇴노 하나의 방법이라고 이야기하더라고, 예전처럼 자퇴에 대한 인식이 나쁘지도 않고, 조금만 집중해서 공부하면 검정고시도 합격할 수 있다고 했어. 그리고 학교에 다니는 것보다 아무래도 활용할 수 있는 시간이 많다 보니 시간만 잘 활용한다면, 훨씬 더 효율적으로 공부할 수 있다고 이야기했어."

"그래, 충분히 그럴 수는 있지."

"응, 빨리 대학 가서 내가 하고 싶은 공부 하고, 내 목표를 이루고 싶어."

"그래, 그럼 아빠가 한 가지 물어볼게."

"응."

"만약 자퇴를 하게 되면 너에게 주어진 물리적인 시간은 많아질 거야. 그렇다면 그 시간에 공부만 할 거야?"

"공부를 하도록 노력해야지."

"지율아, 너는 이제껏 엄마 아빠에게 한 번도 공부하는 모습을 보여 준 적이 없어. 심지어 시험 기간에도 공부는 하지 않고 유튜브를 봤잖아. 그런 네가 어느 날 갑자기 공부를 할 수 있을까? 엄마 아빠가 걱정하는 것은 그거야."

"자퇴하면 해야지."

"지율아, 공부는 그렇게 의지로만 할 수 있는 것이 아니야. 공부는 습관이고 루틴이야. 공부에 대한 습관과 루틴이 만들어지지 않았는데 어떻게 공부를 하겠다는 거야?"

"……."

"자, 생각해 보자. 토요일에 보통 12시 넘어서 일어나지? 그리고 밥을 먹고 다시 방에 들어가서 유튜브를 보거나 게임을 하지? 이러한 일상에서 자퇴를 하게 되면 이것이 자퇴 후에 너의 일상이 될 수 있어."

"………."

"물론 네 말처럼 자퇴에 대한 인식이 과거에 비해서 나쁘지 않아. 아빠도 자퇴는 선택이라고 생각을 해. 그런데 말이야 자퇴를 하기 위해서는 몇 가지 전제 조건이 있어야 돼. 적어도 대학을 가기 위해서라면 더더욱 그래. 유튜브에서 나오는 영상들의 대부분은 일부일 뿐이야. 예전에 어느 래퍼가 자퇴 이후 앞으로의 계획들을 써서 부모님께 보여 드리고 자퇴를 했다고 하지? 그리고 어느 유명 강사의 아들이 자퇴를 하고 좋은 대학에 들어갔다고 이야기하지? 이 사례들의 공통점은 자퇴의 이유가 명확했기 때문이야. 래퍼는 자신이 래퍼로서의 소질이 있다고 판단했고, 그러한 꿈을 이루기 위해 부모님에게 아주 구체적인 자신의 목표와 계획을 이야기했어.

그리고 어느 유명 강사의 아들은 스스로 공부의 습관과 루틴이 갖추어진 상태에서 자퇴를 한 거야. 네가 이제껏 유튜브를 통해 보았던 자퇴에 대한 성공 스토리는 일부의 이야기일 뿐이야."

"…………."

"자퇴를 하면 네가 시간을 제어할 수 있을 것이라고 생각하지? 학교를 안 다니는 그 시간에 맞추어서 네가 하고 싶은 공부를 할 수 있을 것이라고 생각하지? 절대 그렇지 않아.

사람은 나에게 제어할 수 없는 많은 시간이 부여되는 순간, 그때부터 하나둘씩 미루게 되고 나태해지기 마련이야.

그건 너의 의지와 상관없이 인간의 본능이야. 그래서 시간을 제어하고 활용할 수 있는 능력이 있어야 돼. 그러기 위해서 목표를 달성하겠다는 강력한 의지와 더불어 공부의 습관과 루틴이 중요하다고 아빠는 생각하거든? 물론 네가 너의 목표 달성을 위한 강력한 의지는 가졌다고 생각해. 하지만 의지만으로 그 시간들을 제어하기는 힘들어."

"…………."

"엄마 아빠는 너의 선택을 존중할 거야. 그런데 그 선택으로 인하여 잘못된 결과를 마주한다면 그것 또한 너의 인생이기도 하지만 엄마 아빠는 많이 속상할 것이고, 너의 잘못된 선택을 막지 못한 죄책감을 가질 것 같아. 자퇴를 하고 난 후 그 시간을 스스로 제어하지 못해서 몇 년을 허비하는 사람들이 의외로 많아. 단순히 실패로만 끝나면 상관없겠지만 후회하며 자책감을 가지게 될 것이고, 주변 사람들에게 위축이 돼서 은둔형 외톨이가 되는 경우도 많아."

"아빠, 충분히 알겠어. 그런데 내 인생인데 설마 내가 그렇게 막 살겠어? 내 소중한 인생을 그렇게 만들겠어?"

".........."

이번 기회에 아들의 이야기를 좀 더 많이 들어 보려고 했는데, 오히려 내가 더 많이 이야기해 버린 꼴이 되었다.

하지만 이 정도의 논리라면 충분히 나의 이야기를 잘 전달했다고 생각했는데 아들의 마지막 이야기에 나는 아무 말도 하지 못했다.

'아빠, 내 인생인데 설마 내가 그렇게 막 살겠어?'

자존감이 높은 아들은 스스로를 삶의 주체로 인식하고 있었다.

생각해 보니 논리와 이성은 비즈니스 관계에서나 통하는 것이다. 가족 간의 대화에서 논리와 이성을 찾는 것만큼 어리석은 짓은 없는 것 같다.

논리와 이성 이전에 공감과 이해가 먼저 되어야 한다는 것을 대화가 끝나고 나서야 알게 되었다.

아들을 논리적으로 설득할 수 있을 것이라 생각했던 나의 계획은 보기 좋게 실패했다.

11

아들을 이해해 보자

몇 년 전부터 나는 재능기부 형태로 중, 고등학생들의 직업 체험 강의를 하고 있다. '마케팅' 분야를 맡고 있지만 가끔씩 인문학 강의를 병행하기도 한다.

내가 학생들을 직접 만나서 강의를 하려고 하는 이유는 일단 학생들을 만난다는 것 자체가 나 스스로에게 동기 부여가 되기도 하고, 아들과 딸을 대하는 마음으로 조금이나마 학생들에게 부모의 마음으로, 인생 선배의 마음으로 많은 이야기를 전해 주고 싶기 때문이다.

처음 강의를 시작할 때는 많은 준비를 했었다.

학생들이 혹시나 지루해하지 않을까 싶어서 나름대로 개그 포인트도 여러 가지를 정하고, 요즘 학생들의 관심사를 토대로 시각적인 자료들을 최대한 활용해서 강의 준비를 했었는데, 막상 강의를 해 보면 학교마다, 학년마다 학생들의 반응이 극명하게 차이가 났다.

물론 일반 교과 과목이 아닌 교양 과목이기 때문에 그렇고, 학업 진도가 다 끝난 다음에 진행하는 강의이기 때문에 충분히 이해는 하지만, 30여 년 전 내가 학교를 다녔던 그 시대와는 너무나 다른 환경이 낯설기만

했다.

학생 수가 25명 내외라는 것은 과거 내가 학창 시절에 경험한 50-60명의 인원에 비하여 수업에 집중할 수 있는 최적화된 인원이라고 생각한다. 하지만 때론 소수의 인원에 의하여 수업 분위기가 좌우되기도 한다.

대략 전체 인원의 20%는 엎드려서 잠을 자고, 30%의 인원들은 잡담을 하며 떠들고, 20%의 인원은 그 분위기에 편승하고, 20%의 인원만이 수업에 집중을 하는 듯하다.

지율이가 반에서 공부를 할 만한 분위기가 아니라고 이야기한 것은, 어쩌면 내가 직업 체험 강의를 하면서 느꼈던 그 수업분위기와 별반 다르지 않을 것이라고 생각한다.

그렇다고 공교육 시스템이 붕괴되었다는 극단적인 생각을 하진 않는다. 아직까지 학교는 민주 시민의 역량을 키울 수 있는 배움터인 것은 분명하다.

무분별한 체벌이 없어지고, 학생들의 인권을 보호하고 존중한다는 의식이 높아졌다. 학교는 대학을 가기 위한 과정이기도 하지만 공동체 생활에서 익혀야 할 최소한의 사회적 규범과 지식을 공유하는 곳이라고 생각한다.

그럼에도 여전히 많은 부모들은 자녀들의 대학 진학에 사활을 걸고 있다. 학원을 통하여 진행하는 선행 교육은 어느새 선택이 아닌 필수가 되어 버렸고, 능력 없는 교사들을 선별하여 학교에 정식으로 교체를 요구하는 학부모들도 더러 있다.

입시 위주의 교육철학을 벗어나지 못하고 학교를 단순히 대학을 가기 위한 과정으로만 인식한다면, 더 이상 학교라는 배움터가 자녀들에게 추억과 낭만으로 기억되기는 어려울 것이다.

지금 지율이의 입장에서 충분히 답답할 수 있는 현실이다.

본격적으로 공부를 해야겠다고 마음을 먹었는데 매번 소수의 아이들로 인하여 수업 분위기는 깨지고, 교과목 선생님들조차 그런 분위기를 통제하지 않고 기계적으로 진도만 나가고 있다면, 지율이 입장에서 학교라는 배움터가 더 이상 제 기능을 발휘하지 못하고 있는 것으로 인식했을 가능성이 크다.

지율이가 공부를 할 만한 분위기가 아니라고 이야기한 것은 어쩌면 현재 공교육 시스템의 불신을 이야기한 것일 수도 있고, 현실에서 일어나는 학교의 문제점을 지적하는 것일 수도 있다.

공부를 하든, 공부를 하지 않든 학교에서 진행되는 모든 교과 과목의 수업은 존중되어야 한다. 소수의 학생들로 인하여 다수의 학생들이 피해를 받고, 학습권을 침해당하고 있다면 이는 개인의 가장 기본적인 권리를 침해당하고 있다는 이야기이다.

수업을 방해하고 분위기를 망치는 소수의 학생들을 선생님들조차 제어할 수 없다는 사실을 알고 나서 인지한 무기력은 학교의 불신으로 확대되었을 것이다.

학교의 이런 분위기 때문에 자퇴를 하겠다고 이야기한 것은 어쩌면 지율이 입장에서 어쩔 수 없는 선택일 수도 있다.

적어도 공부를 하겠다고 마음먹은 학생들에게, 자신의 목표가 확고한 학생들에게는 말이다.

비로소 마주하는 현실

"그래서 지율이가 이야기했던 관리형 독서실은 다니기로 한 거야?"

"아니."

"왜? 거기 다니고 싶다고 이야기했었잖아."

"그러니까 말이야….."

"원장하고 상담한다고 하지 않았어?"

"응, 지율이랑 같이 상담하고 왔지."

"당신이 보기에는 어떤 것 같아?"

"집에서 가깝기도 하고, 원장이 관리형 독서실을 운영하는 철학도 명확해서 내가 보기에는 괜찮은 것 같아."

"그런데 지율이는 싫대?"

"응, 상담하러 가기 전에는 금방이라도 다닐 것처럼 이야기하더니, 막상 상담 끝나고 집에 돌아오면서 이야기를 하는데 거기는 다니기 싫다고 하네."

"왜 그런 것 같아?"

"상담하면서 이야기를 들어 보니까, 굉장히 타이트하게 관리를 하더라고."

"그래? 그냥 일반 독서실하고는 다른가 봐?"

"응. 독서실이 우리 때랑은 완전히 다르더라고. 여기는 과목별 멘토가 상주하면서 독서실에 다니고 있는 아이들을 관리해 주고, 별도의 학습량도 매일 정해 주는 것 같아."

"지율이 입장에서는 혼자 공부하는 것보다 그런 시스템이 훨씬 더 좋은 것 아니야?"

"그러니까 말이야. 부모 입장에서 들을 땐 괜찮은 것 같았는데… 상담하면서 뭔가 지율이가 생각했던 것과 많이 달랐나 봐. 그리고 평소에 공부를 하지 않았던 지율이 입장에서는 원장의 설명만으로도 충분히 숨막혔을 수도 있을 것 같아."

"음…… 막상 다니려고 하니까 본인이 자신이 없어서 그런 게 아닐까?"

"글쎄."

자퇴 선언 이후 공부를 해야겠다고 마음먹고 나서, 지율이는 자신의 친구가 다니고 있는 관리형 독서실에 다녀 보고 싶다고 이야기를 했다.

그래서 아내가 지율이와 함께 관리형 독서실에 방문하여 원장과 상담을 진행했는데, 지율이는 상담이 끝난 후에 관리형 독서실을 다니지 않겠다고 말했다.

도대체 지율이는 왜 그런 걸까?

내가 생각하기에는 지율이가 공부를 하겠다고 결심은 했지만 앞으로 어떻게 공부를 해야 할 것인지에 대해서는 구체적으로 고민하지 않은 듯하다.

하긴 그렇다. 이제껏 공부를 한 번도 해 보지 않은 아이가 어느 날, 어느 순간 갑자기 공부를 할 수는 없다. 공부도 각자만의 방법이 있고, 그 방법을 깨우치는 데에는 생각보다 오랜 시간이 걸리는데 지율이는 그러한 과정을 생략하고 무작정 공부를 하면 될 줄 알았던 모양이다.

지율이의 친구는 관리형 독서실에서 공부를 하면 관리도 잘해 주고, 집중이 잘 돼서 성적도 많이 올랐다고 이야기했을 것이다.

지율이는 단순히 그 친구의 말만 듣고 관리형 독서실에 다니려고 했었는데, 막상 원장과 상담을 해 보니 본인이 생각했던 것과 전혀 달랐던 것이다.

더욱이 원장이 각 학생들마다 부여하는 학습량은 지율이 입장에서는 놀랄 수밖에 없었을 것이다. 이제껏 책상 앞에 앉아서 공부를 해 보지 않은 아이가 하루에 몇 시간을 집중해서 공부해야 한다는 현실을 순순히 받아들이기는 쉽지 않을 것이라고 생각된다.

무엇보다 지율이는 자신이 없었다.

공부를 하고 싶은데 공부하는 방법을 모르고, 어디서부터 어떻게 해야 할지도 모르니 혼란스러운 것은 당연한 일이다.

자퇴를 하고 나면 혼자서 공부를 잘할 수 있을 것이라고 막연하게 생각을 했지만, 현실에서 마주해야 하는 공부는 자신의 생각과 큰 차이가 있다는 것을 이번 상담을 통해 새삼 절감했을 것이다.

내 입장에서는 오히려 잘되었다. 자신을 합리화하는 순간 모든 행위는 정당성을 갖게 된다.

그러나 현실을 마주하는 자신의 모습을 보게 되면 다소 불편할 수는 있겠지만, 그 순간 자기 객관화가 된다는 사실을 이번 기회를 통해 깨달을 수 있을 것이다.

지금 필요한 것은 자기 합리화가 아닌 자기 객관화다.

나는 지율이가 오히려 이번 기회에 지독한 자기 객관화를 하기 바란다. 이제껏 한 번도 공부를 해 보지 않은 자기 자신에 대해서 말이다.

13

아들의 행복 지수

"아빠, 이번 중간고사에서 수학 시험을 잘 봤어."

"어, 그래?"

"응, 기대해도 좋아."

평소 시험 성적에 대해서 이야기를 하지 않던 지율이가 중학교 3학년 1학기 중간고사를 보고 나서 나에게 이야기를 했다. 예전 같았으면 성적에 별다른 기대를 하지 않았을 텐데, 본인이 시험을 잘 봤다고 자신 있게 이야기를 하니까 은근히 지율이의 성적에 기대를 하게 되었다.

"수학 성적 나왔어?"

"응."

"잘 나왔어?"

"그럼. 성적 잘 나왔지."

"몇 점인데?"

"56점."

"56점?"

"응."

"그게 잘 본 건가?"

"아빠, 지난번에 42점 받았어. 그리고 시험지를 보면 앞 문제들은 거의 다 맞았고, 틀린 거는 진짜 아깝게 틀렸다니까?"

"그래도 그게 잘 본 점수인가?"

"다 아깝게 틀렸다니까. 그리고 전에 시험 봤을 때보다는 성적이 올랐잖아. 일단 가능성을 본 거잖아."

"그렇긴 한데…. 일단 전에 봤던 시험보다 점수가 더 나왔으니 잘 본 것은 맞네."

"그래, 잘 본 거라니까…."

지율이가 이야기한 수학 점수에도 놀랐지만, 더 놀라웠던 것은 지율이의 당당함이었다.

무언가 이야기를 더 하고 싶었지만 본인이 스스로 만족하고 있고, 가능성을 확인한 점수라고 이야기를 하니 아내와 나는 지율이의 당당함에 그저 웃을 수밖에 없었다.

"아버님, 지율이는 다른 아이들에 비해서 행복 지수가 굉장히 높습니다."

"그런가요?"

"네, 제가 심리상담사를 하면서 이렇게 행복 지수가 높은 아이는 흔치 않았습니다.

엄마 아빠에 대한 신뢰감도 높고, 특히 지율이는 학교폭력의 과정을 겪으면서 자신을 위해 애써 주신 아버님의 노력에 존경심을 표하더군요.

지율이가 학교폭력의 트라우마를 극복할 수 있었던 가장 큰 이유는 높은 행복 지수와 부모와의 유대 관계 때문이 아닐까 생각합니다."

2년 전 지율이가 학교폭력을 당하고 나서 심리치료를 받기 위해 상담 센터를 다녔었는데, 지율이를 담당했던 심리상담사가 전해 준 이야기였다.

나와 아내는 기본적으로 지금까지 지율이에게 공부에 대한 부담감을 주지 않았다.

간혹 지율이가 학원의 도움이 필요하다고 직접 이야기하거나, 스스로 공부를 해야겠다고 마음을 먹었을 때만 지율이와 함께 학원을 알아보고 상담을 한 후에, 지율이가 선택해서 다닐 수 있도록 도와줬다.

일단 공부는 누가 시켜서 하기보다 스스로 알아서 해야 한다는 생각 때문이었다. 그리고 스스로 선택해서 다닌 학원일지라도 공부하기가 힘들다고 하거나, 조금 쉬었다가 다니고 싶다고 이야기할 경우에는 미련 없이 학원을 보내지 않았다.

그러다 보니 지율이의 일상은 다른 아이들과는 확연히 달랐다.

시험 기간에도 시험공부보다 자신이 좋아하는 일에 몰두했다. 항상 세상에서 가장 편한 자세로, 가장 천진난만하고 행복한 표정으로 유튜브 동영상을 보곤 했다. 지율이의 행복 지수가 높은 것은 어쩌면 당연한 일이었다.

고등학교에 입학하고 나서 본격적으로 공부를 하겠다고 생각한 지율이는 비로소 자신의 현실을 마주하기 시작했다. 막상 공부를 하려고 하는데 아무것도 준비되어 있지 않은 자신의 모습과 도저히 학업을 따라갈 수 없는 처참한 자신의 학습 수준에 다시 한번 실망감을 느꼈을 것이다.

그러면서 부모인 내 입장에서도 여러 희비가 교차했다.

지율이를 위하여, 공부에 대한 부담감을 주지 않았던 우리 부부의 양육 방식이 오히려 잘못된 것은 아닐까? 만약 우리 부부가 지율이에게 어릴 때부터 사교육을 시키면서 공부 습관이 만들어지도록 양육했다면 지금처럼 혼란스럽지는 않았을 텐데라는 생각이 들었다.

우리 부부의 교육 방식이 오히려 지율이를 자괴감과 실망감으로 빠져들게 만든 것은 아닐까?

이런저런 생각으로 머릿속이 복잡했다.

마치 지금의 이 혼란이 남들과는 다른 우리 부부의 교육 방식에서 기인된 것 같다는 생각에 마음이 불편했다.

14

어리석은 나의 판단

"신부님, 안녕하세요? 저 지율이 아빠입니다."

"네, 아버님. 안녕하세요?"

"다름이 아니라 지율이 일로 신부님께 상의드릴 일이 있어서 그런데 혹시 면담이 가능할까요?"

"그럼요. 성당으로 오시면 됩니다."

나는 무교지만 지율이는 어릴 때부터 엄마를 따라 자연스럽게 성당에 다녔다. 지금은 엄마보다 더 독실한 가톨릭 신자다.

새벽까지 게임을 하고 유튜브를 보다가 늦게 자더라도, 일요일 오전 청소년 미사가 있는 날에는 신기하게도 혼자 일어나서 매주 성당에 나갔다.

그러다 보니 성당의 작은 신부님을 잘 따랐고, 주일학교 선생님들과도 관계가 매우 좋은 편이다.

지율이가 자퇴를 선언하고 나서 지율이에게 조언을 해 줄 수 있는 영향력 있는 사람이 누가 있을까 고민하다가 신부님이 생각났다.

평소에 지율이가 작은 신부님에 대한 이야기를 자주 했었기 때문이다.

"아빠, 작은 신부님은 처음부터 신부가 목표가 아니었대."

"그럼?"

"작은 신부님은 다른 신부님과 달리 직장 생활을 하다가 갑자기 신부님이 된 거래."

"그래?"

"응, 사회생활 하면서 돈도 많이 벌었는데, 갑자기 신부님이 되고 싶어서 사제 수업을 받았다고 하시더라고."

"정말 특이한 경력을 가지셨네."

"원래 신부님들은 군대 가면 군종으로 가는데, 작은 신부님은 해병대 나오셨대."

"아, 그렇구나. 작은 신부님하고 이야기하면 재미있겠네."

"응, 너무 좋아. 우리들 마음을 잘 이해해 주셔."

아들에게 작은 신부님은 멘토 같은 존재다. 삶을 올바르게 살아갈 수 있도록 방향을 제시해 주는 성직자이자, 인생의 선배로서 아이들의 마음을 이해해 주는 또 다른 조력자인 셈이다.

"신부님, 안녕하세요?"

"네, 아버님. 지율이한테 무슨 일이 있나요?"

"다름이 아니라 지율이가 평소에도 신부님 이야기를 많이 하고, 신부님을 잘 따르는 것 같아서 제가 도움을 좀 요청하고 싶어서 찾아뵌 겁니다."

"네, 아버님. 말씀해 보세요."

"요즘 혹시 지율이가 신부님께 고민을 털어놓는 일이 있었나요?"

"글쎄요? 평상시와 별반 다르지 않던데요. 왜요?"

"지율이가 며칠 전에 자퇴를 하고 싶다고 이야기를 해서, 혹시나 신부님께 이야기를 하지 않았을까 싶어서요."

"아, 네에. 지율이가 자퇴한다고 하던가요?"

"네. 신부님, 요 근래에 그것 때문에 제가 아주 고민이 많습니다."

"아, 그러시군요. 지율이가 저에게는 아직 자퇴 이야기를 하지 않았습니다."

"그럼 신부님, 제가 부탁 한 가지 드려도 될까요?"

"네, 말씀하세요. 아버님"

"지율이한테 슬쩍 요즘 고민이 있냐고 물어보시면 아마도 자퇴 이야기를 할 겁니다. 그때 신부님께서 지율이에게 자퇴에 대한 조언을 좀 해 주셨으면 해서요."

"자퇴를 하면 안 될 텐데……. 일단 제가 지율이한테 잘 이야기를 해 보겠습니다. 너무 걱정 마세요. 아버님"

"감사합니다. 신부님"

아무래도 내가 백번 이야기하는 것보다, 자신이 좋아하고 영향력 있는 존재가 한마디 이야기하는 것이 지율이에게 훨씬 더 도움이 될 것이라고 생각했다.

"아빠, 신부님한테 자퇴 이야기했어?"

"응…. 아니…. 왜?"

"신부님이 대뜸 자퇴하냐고 물어보시잖아."

"그래서?"

"'왜요?'라고 물어봤더니, 아빠를 만났다고 하던데? 아빠가 신부님 만나서 이야기한 거야?"

"아…. 지율아, 아빠는 너무 걱정돼서 말이야. 네가 혹시 신부님한테 고민을 이야기했나 확인해 보려고 찾아뵀었어."

"아니, 뭘 그런 걸 신부님한테 이야기를 해?"

"아빠가 너무 걱정되고…… 그래서…. 미안해."

"알았어."

그 주 일요일 성당을 다녀오고 나서 지율이가 대뜸 나에게 물었다.

아무래도 신부님이 지율이에게 직접 이야기를 한 듯싶다. 지율이의 차가운 눈초리에 순간 나는 당황했고 이내 반성했다.

자퇴를 부정적으로 인식하지 않는다고 이야기하면서, 내 마음 한구석에는 자퇴를 하면 안 된다는 고정 관념이 자리 잡혀 있었다.

그동안 나는 지율이가 자퇴하겠다는 의지를 어떻게 하면 포기시킬 수 있는지에 대한 지엽적인 문제에만 매달려 있었다. 갈등 해결의 주체를 내가 아닌 제3자를 활용하려고 했다는 생각이 너무나 부끄러웠다.

지금 갈등의 본질은 자퇴를 하느냐, 안 하느냐의 문제가 아니다.

지율이가 신중하게 판단할 수 있도록 다양한 경우의 수를 이야기해 주고, 올바른 판단을 할 수 있도록 부모가 이끌어야 줘야 함에도 불구하고, 그동안 나는 오직 자퇴 여부에 대해서만 매몰되어 있었던 것이다.

갈등을 해결하기 위해서는 본질을 명확히 인식해야 한다.

지금의 본질은 서로에 대한 이해와 공감이다.

내가 지율이를 이해하고 공감하려고 노력하듯이, 지율이도 부모를 이해하고 공감한다면 지금의 갈등은 생각보다 쉽게 풀릴 수 있다. 이해와 공감이 필요하다.

15

감정의 폭발

공교롭게도 아내가 병원에 입원을 했다.

지율이의 자퇴 문제로 인해 스트레스를 받아서인지 몸 상태가 너무 안 좋아져서 3주 정도 입원을 하게 되었다. 그러다 보니 지율이의 자퇴 여부는 자연스럽게 시간이 연장되었다. 지율이 입장에서는 최대한 빨리 결정을 지어서 1학기 내에 마무리를 하고 싶었겠지만 어쩔 수 없는 일이다.

지율이는 학교를 다녀오면 여전히 자신의 방에서 나오지 않고, 유튜브를 보면서 시간을 보냈다.

"너 정말 너무한 거 아니야?"

"……."

"엄마가 지금 병원에 입원해 있는데, 엄마 걱정돼서 한 번이라도 문자 보낸 적 있어? 매번 입원해 있는 엄마한테 배고프다고 뭐 시켜 달라고만 하고, 정말 너무한 거 아니냐고?"

"……."

"이건 자퇴 문제하고는 다른 거잖아. 너는 엄마 걱정이 안 돼? 네가 지금 이러고 있는 건 자퇴를 시켜 주지 않는다고 엄마 아빠한테 시위하는 것으로밖에 안 보여."

"아니야. 그런 거."

"자, 알았어. 네 말대로 자퇴 시켜 줄게. 대신에 1학기 기말고사가 얼마 안 남았지?"

"응."

"그럼 1학기 기말고사 성적을 보고 판단해 보자. 네가 정말 공부할 의지가 있는지 그 의지를 적어도 엄마 아빠한테는 보여 줘야지, 그래야 엄마 아빠가 너를 신뢰할 것 아니야. 안 그래?"

"알았어."

결국 나는 화를 참지 못하고 지율이에게 폭발하고 말았다. 엄마가 아픈 것을 잘 알고 있으면서도, 모든 불만을 엄마에게 이야기하고 있는 지율이를 도저히 이해할 수 없었기 때문이다.

지율이에게 격하게 감정 표현한 것을 알게 된 아내에게 한 소리를 듣긴 했지만, 그래도 지금의 상황에서 가만히 지켜볼 수만은 없었다.

지율이에 대해 많은 것을 알고 있다고 자부하면서도, 문득 내가 알고 있는 것이 전부가 아닐 것이라는 생각이 들었다.

다른 가정에 비하여 자녀와의 유대 관계가 좋다고 생각하고 있었지만, 유대 관계가 좋다고 해서 모든 갈등이 해결되는 것은 아니다.

어떤 것이 과연 합리적인 선택일까?

내가 가장 고민하는 것은 늘 이야기하는 것처럼 지율이의 선택과 판단을 존중해 주어야 하는지에 대한 여부다. 각자의 인생이 분리되었다고 생각한다면 오롯이 지율이가 선택할 수 있도록 환경을 조성하는 것이 맞지만, 그러기에는 아직 명확한 판단이 서질 않는다.

학교폭력 상담을 하면서 부모들에게 항상 하는 이야기들이 있다.

자식을 키우는 것은 어쩌면 도를 닦는 일과 같다고 말이다. 그래서 가끔 유명 대학교에 자녀를 합격시킨 부모들이 TV에 나와서, 자신들은 아무것도 한 것이 없다는 이야기를 들으면 그 말을 있는 그대로 믿기가 힘들다.

그들도 분명 우리가 알지 못하는 수많은 과정을 겪었을 것이기 때문이다.

부모가 처음인 우리는 자식을 키우면서 끊임없이 번뇌에 시달린다.

16

미봉책(彌縫策)

지율이는 여전히 아침에 일어나는 것을 힘들어한다.

그러다 보니 우리 부부에게 지율이를 깨워서 학교에 보내는 것이 일상에서 가장 중요한 일이 되어 버렸다.

매일 아침 아내는 지율이를 깨우지만, 일어나는 순간부터 지율이는 오만가지 인상을 쓴다. 예전 같았으면 그 광경을 보고, 나도 인상을 쓰며 한마디 했었을 것이다.

"학교를 계속 나가야 하나?"

"가야지, 그럼 안 가?"

"지금의 상황에서 학교를 계속 나간다는 것이 지율이한테는 굉장한 스트레스일 텐데, 공식적으로 결석할 수 있는 방법은 없을까?"

"코로나 때는 가정학습이 있어서 신청하면 됐었는데, 지금은 체험학습을 쓰거나 질병결석을 사용하는 방법밖에 없어."

"음…. 그러면 이렇게 하자. 체험 학습을 당장 쓰기는 좀 그렇고, 질병결석을 쓰면 어떨까?"

"질병결석?"

"응, 지율이가 비염을 달고 살잖아. 심할 때마다 참지 말고 당분간 질병결석을 사용하는 것이 좋을 것 같아."

"그래. 그렇게 하자. 1년에 몇 번이나 사용할 수 있는지 확인해 봐야겠다. 아무튼 좋은 생각인 것 같아."

"일단 당신이 지율이한테 이야기를 해 보고 되도록이면 일주일에 한 번 정도 질병결석을 쓰는 걸로 해 보자."

"알겠어. 지율이한테 이야기해 볼게."

2000년대 초반 주 5일제가 도입될 당시에 많은 기업들의 반대가 있었다.

성급히 주 5일제를 시행하면 노동 생산성이 떨어지고, 기업들의 경제적 피해가 크다고 말이다.

그런데 막상 주 5일제를 시행해 보니 기존에 제기했던 문제점들은 온데간데없이 사라지고, 우려했던 예상과는 반대로 생산성이 높아지고, 고용의 효율이 좋아졌으며, 삶의 질 또한 향상되었다.

결국 생산성은 시간과 비례하는 것이 아니라 노동자의 집중력에서 결정되는 것이다.

현재 학교를 다니기 싫어하는 지율이의 입장에서 일주일이라는 시간이 굉장히 길게 느껴질 것이다. 그렇다면 지금 지율이에게 필요한 것은 시간의 체감을 단축시켜 주는 것이 방법이 될 수 있다.

주 5일의 등교 시간을 주 4일로 단축시켜 준다면, 적어도 지율이가 체감하는 스트레스는 조금이라도 낮아지지 않을까?

그날부터 본격적으로 지율이는 주 4일 등교를 했다.

보통 월요일과 금요일이었고, 그 시간에는 충분히 잠을 잘 수 있도록 해 주었다.

지율이를 위한 임시방편적인 선택이었지만, 한편으로는 엄마 아빠가 자신을 위해서 생각한 결정이라는 것을 보여 주기 위해서였다.

우리는 지율이에게 충분히 고민할 수 있는 시간을 부여함으로써, 스스로 깨우칠 수 있도록 기다려 준 것이다.

주 4일 등교는 그 당시에는 미봉책이었지만, 지금 돌이켜 보면 신의 한 수였던 것이 아닐까 생각해 본다.

학교에 등교하는 것이 중요한 게 아니라, 학교를 왜 다녀야 하는지에 대한 이유를 찾는 것이 중요하다.

지율이가 그 이유를 찾지 못한다면, 엄마 아빠가 찾을 수 있도록 도와주는 수밖에 없다.

17

공부를 할 수 없었던 이유

지율이에게 1학기 기말고사 성적을 보고 자퇴를 결정하자고 이야기한 후, 나는 사실 지율이가 이번에는 공부를 열심히 할 것이라고 내심 기대를 했었다.

자퇴에 대한 의지가 확고하다면 그 의지를 부모에게 보여 줄 것이라고 생각했는데, 내 예상은 보기 좋게 빗나갔다.

기말고사 때 공부를 열심히 하겠다고 분명 이야기했음에도 불구하고 지율이의 모습은 평소와 다르지 않았다.

"도대체 지율이는 무슨 생각을 하고 있는 거야?"

"나도 잘 모르겠어."

"아니, 공부를 하려고 자퇴하고 싶다고 이야기를 했으면, 적어도 본인이 우리한테 공부를 하겠다는 의지를 보여 줘야 하는 거 아니야?"

"그러게 말이야."

"아 진짜, 해도 해도 너무 하네."

지율이에게 쏟아 낼 불만들을 아내에게 이야기했다. 아무리 생각해도 지금 지율이의 모습은 밑도 끝도 없이 나를 믿고, 자퇴시켜 달라는 의미로밖에 보여지지 않는다. 그런 지율이의 모습이 너무나 낯설고 원망스러울 뿐이다.

1학기 기말고사 성적은 당연히 좋지 않았다.

자신의 공부 계획을 당당히 이야기하던 지율이는 어느 순간 기가 죽어 있었고, 오히려 우리 부부와는 눈조차 마주치지 않았다. 어디서부터 어떻게 이 문제를 풀어야 하나, 도대체 어떻게 이야기를 해야 하나 또다시 머리가 아파 오기 시작했다.

기말고사가 끝났으니 이제 1학기도 끝이다. 1학기에 자퇴를 해야 내년에 검정고시를 보고 합격하면, 다른 학생들보다 1년 먼저 대학 입시를 치를 수 있다는 자퇴의 이점은 이제 사라지게 되었다. 그럼에도 지율이는 자퇴를 포기한 것이 아니다.

여전히 직, 간접적으로 아내에게 자퇴를 이야기하고 있다.

도대체 무슨 생각일까? 자신의 공부 의지를 보여 주지도 않으면서, 오직 자퇴만이 지금의 문제를 해결할 수 있을 것이라는 생각으로만 사로잡혀 있는 것 같았다.

나는 도저히 지금의 지율이를 이해할 수가 없다.

유튜브가 학생들에게 헛바람을 불어넣고 있는 것 같다. 자퇴를 해서 성공했다는 수많은 영상들이 우리 자녀들을 학교에서 떠나가게 하고 있는 것은 아닌가 생각해 본다.

시간이 지나고 나서 지율이가 기말고사에 집중하지 못했던 이유를 알게 되었다.

고등학교에 입학하기 전까지 제대로 공부를 해 보지 않은 지율이 입장에서, 내신 성적을 위해 공부를 하는 것은 생전 처음 해 보는 낯선 일이었을 것이다.

더욱이 기초 학력이 부족한 상태에서 영어, 수학의 교과 과정을 혼자따라잡는다는 것은 생각처럼 쉽지 않다.

어쩌면 지율이는 공부를 하기 싫어서 안 한 것이 아니라 공부하는 방법을 몰랐던 것이고, 자신의 의지와는 상관없이 학습 진도를 따라가지 못한 것이다.

아무것도 준비가 안 된 아이에게 기말고사 성적으로 자퇴 여부를 결정하겠다는 나의 이야기가 지율이에게는 어쩌면 공허한 이야기처럼 들렸을지도 모른다.

결국 나는 지율이에게 할 수 없는 일을 해 보라고 이야기한 꼴이 되어버렸다.

18

학원의 현실

"수학 학원을 다니겠다고?"

"응, 지율이가 수학 학원을 다니고 싶다고 그러네."

"일전에 관리형 독서실도 가고 싶다고 했는데 결국 안 다녔잖아?"

"그거 하고는 좀 다르지. 관리형 독서실은 본인이 스스로 공부하는 곳이고, 수학 학원은 잘 모르니까 배우려고 다니는 거고."

"음…. 다니고 싶다고 하면 다니게 해줘야지, 그럼 수학 학원은 알아보고 있는 거야?"

"일단 지율이가 친구들이 다니고 있는 학원을 몇 군데 이야기를 해줘서 상담받아 보려고"

"그래, 알았어. 상담받아 보고 결정해 그럼."

"응."

지율이는 1학기 기말고사가 끝나고 나서, 여름 방학 때부터 본격적으로 공부를 하겠다고 아내에게 수학 학원을 알아봐 달라고 했다. 내가 보기에도 지율이는 공부에 대한 의지는 가지고 있는 것 같다.

지금 현재 본인의 목표와 꿈이 명확하다면 충분히 동기 부여가 될 수 있다고 생각을 했기 때문에 지율이의 학원 수강 요청은 순수하게 공부 의지로 보아야 하는 것이 맞다.

"수학 학원을 선택하는 게 쉽지 않아."

"왜?"

"막상 가서 테스트하고 상담 받아 보면 처음과 다른 이야기를 해."

"어떤 이야기?"

"지율이가 기초 학력이 부족하다 보니까 지금의 상황에서는 진도를 따라가는 것이 쉽지 않다는 이야기부터, 이제껏 선행학습을 왜 하지 않았냐고 질타하는 학원도 있고, 지금 시작해도 이미 늦었다고 이야기하는 학원도 있고, 인원이 다 차서 받아 줄 수 없다는 학원도 있고."

"음…. 그 이야기를 지율이도 들었어?"

"들었지."

"지율이는 어때?"

"뭘 어때, 그냥 뭐 아무 소리 안 하지."

"일단 다른 학원도 알아봐. 잘못하다가 공부하려고 하는 지율이의 사기가 꺾일 수도 있겠네."

"그러게 말이야. 아무튼 좀 더 알아봐야겠어."

요 며칠 수학 학원 몇 군데를 상담하고 온 아내가 나에게 푸념을 했다.

당연히 수강료만 내면 원하는 학원에 다닐 수 있을 줄 알았는데 지금의 학원들은 개별로 테스트를 진행하고, 공부를 하고 싶어 하는 학생도 자신들의 기준에 맞지 않으면 다닐 수 없는 시스템이 되어 버렸다.

어느 날, 아들이 자퇴를 선언했다

결국 선행 학습이 제대로 이루어지지 않은 학생들은 학원을 선택하는 일조차 쉽지 않은 현실이 되었다.

사교육의 현실을 마주할 때마다 당황스러우면서도, 한편으로는 엄마들이 자녀들에게 왜 선행 학습을 강조하는지 이해가 되는 순간이었다.

그런데 아무리 선행 학습이 이루어진다 하여도 미리 배우는 것과 미리 공부하는 것은 엄연히 다르다. 학원에서 미리 배울 수는 있겠지만, 공부하는 것은 개인의 노력이기 때문이다.

일부의 엄마들이 학원수업과 공부를 동일 개념으로 인식한다면, 지금의 사교육 시장에서 선행 학습 열풍은 쉽게 수그러들지 않을 듯하다.

공부는 결국 본인의 의지로 행해지는 것이다.

아무리 실력 좋은 강사들이 포진한 학원이라 하더라도, 공부 의지가 결여된 학생이라면 결국에는 아무것도 이룰 수가 없기 때문이다.

어쩌면 현재의 비정상적인 사교육 시장은 불투명한 미래의 불안감과 부모들의 욕망이 결합된 복합적인 결과물이자, 현상이 아닌가 생각해 본다.

19

지금 아들에게 필요한 것

학교의 교과 수업은 도저히 따라갈 자신이 없고, 목표는 명확한 지율이 입장에서는 지금의 상황을 타계할 수 있는 유일한 방법이 자퇴밖에 없다고 생각했을 것이다.

누구보다 자신의 인생에 대한 고민이 많은 아이라서 그 부분은 충분히 이해가 된다.

그런데 막상 자퇴를 선언하고 나서 마주한 냉혹한 현실은 지율이 스스로도 예상하지 못했을 것이다. 더욱이 공부라는 것이 단순히 의지만으로 할 수 없다는 사실을 인식한 순간부터 어쩌면 스스로 좌절감을 느꼈을지도 모른다.

자퇴 선언 이후, 나는 나의 논리로 지율이를 충분히 설득할 수 있을 것이라고 생각했다.

그리고 지율이의 자존심을 살살 긁어 가면서, 냉혹한 현실을 이야기하면 이내 포기할 것이라고도 생각했다. 하지만 내가 잘못 생각하고 있었다.

중요한 것은 자퇴를 포기하게 만드는 것이 아니라, 지금의 상황은 다소 어렵지만 네가 공부를 하고자 하는 의지가 강하기 때문에, 충분히 지금 시작해도 늦지 않았다는 스스로에 대한 믿음과 신뢰를 주는 것이다.

적어도 자퇴의 이유가 대학을 가기 위한 최적의 방법이라고 인식한다면 공부를 시작하겠다는 마음을 격려하고, 목표와 꿈을 설정했다는 것에 대견함을 표현해 줬어야 했는데, 그동안 나는 너무나 지엽적으로 이 문제를 해결하려고 했다.

지율이에게 자퇴를 포기하게 할 것이 아니라, 이번 기회에 인생의 큰 깨달음을 얻어 삶을 대하는 태도와 인식에 대해서 화두를 던진다면 그것만큼 좋은 교육은 없을 것이다.

본격적으로 지율이와 다시 대화를 해 볼 생각이다.

세상을 먼저 살아 본 아빠가 삶의 이력을 이야기할 것이고,

아빠가 경험한 사회를 이야기할 것이고, 아빠가 세상을 살아오면서 순간순간 깨달았던 인생의 깨달음에 대해서 이야기해 볼 것이다. 이러한 나의 이야기들이 지율이에게 온전히 전달될 것이라고는 생각하지 않는다. 그래도 이야기를 하는 이유는 누군가 사춘기 시절의 나에게 인생의 진리와 삶의 깨달음을 미리 이야기해 주었더라면, 적어도 삶을 살아오면서 시행착오를 덜 겪었을 것이고, 무수한 상처를 받지 않았을 것이기 때문이다.

이제 함부로 지율이를 설득하려고도 하지 않을 것이다. 대신에 내 이야기를 담담히 해 볼 생각이다. 내 이야기를 있는 그대로 받아들여서 큰 깨달음을 얻는다면 더할 나위 없이 좋겠지만, 설사 그러지 않다 하더라

도 지율이에게 의미 있는 시간이 되지 않을까 생각해 본다.

어쩌면 우리는 갈등을 겪고 있는 것이 아니라, 서로의 생각을 이해하는 과정을 겪고 있는 것일지도 모른다.

아들이기 이전에 존재의 개체로서 내가 먼저 아들을 인정한다면, 대화의 스펙트럼은 더 넓어질 것이고, 서로를 이해하는 데 조금이나마 도움이 될 것이다.

지율이와의 본격적인 인생 대화는 그렇게 시작되었다.

II

아들과의
인생 대화

1

내가 지켜야 할 원칙

"지율아, 사람들 사이에서 왜 자꾸만 갈등이 일어날까?"

"글쎄, 서로 의견이 안 맞아서 그런 거겠지."

"그렇지? 서로 의견이 안 맞아서 갈등이 일어나는 거지. 그러면 그런 갈등이 벌어졌을 때 너는 어떻게 해결해?"

"그냥 내 의견을 이야기해서 최대한 잘 설득하려고 하는데, 그래도 안 되면 뭐 할 수 없지."

"상대방이 어떤 사람이냐에 따라서 해결 방법이 좀 다른 것 같아. 그리고 아빠가 생각하기에 갈등이 발생하는 몇 가지 이유가 있어."

"그게 뭔데?"

"첫 번째, 나의 의견이 무조건 옳다라는 생각 때문이야. 각자의 주장이 서로 평행선을 달리게 된다면 그 간격은 쉽게 좁혀질 수 없어. 두 번째, 내 의견이 옳다 하더라도 진의가 왜곡되어 전달되는 경우가 있어. 그럴 경우에는 단순히 의견 대립이 아니라 감정의 대립으로 확대되는 경우가 많아. 세 번째, 자존심 때문인 경우가 의외로 많아. 상대방의 주장이 합리적이라는 것을 알고 있으면서도 내 주장을 철회하면 왠지 모르게 내 자존심이 훼손된다는 생각 때문에 사람들하고의 갈등이 벌어지면 해결

어느 날, 아들이 자퇴를 선언했다

하는 것이 더 어려운 것 같아."

"아빠 이야기를 들어 보니 맞는 것 같네."

"그래서 갈등이 발생했을 때 그 갈등을 어떻게 해결하느냐가 인간관계에서 가장 중요한 지혜라고 생각해. 왜냐하면 우리가 살아가면서 만나게 되는 사람들하고의 갈등은 피할 수 없는 숙명이니까 말이야."

"그러면 아빠가 생각하는 갈등 해결 방법은 뭐야?"

"일단 첫 번째, 내 생각이 틀릴 수도 있다는 생각, 내 생각이 무조건 옳다는 전제로 상대방의 이야기를 들으면 상대방이 주장하는 내용의 논리적인 허점만 찾으려고 혈안이 될 거야. 옳고 그름의 문제가 아니라, 다름의 문제일 뿐인데 말이야. 두 번째, 상대방과 직접적인 대화가 중요하다고 생각해. 다른 사람을 통해서 내 의견을 전달하게 되면 진의가 왜곡될 수 있으니까 말이야. 그리고 세 번째, 상대방이 왜 그런 주장을 하는지 생각해 볼 필요가 있어. 인간의 생각은 의외로 환경에 영향을 많이 받아. 그렇다면 상대방의 주장이 옳고 그르냐를 판단하기 전에 상대방이 왜 그런 주장을 하는지, 그가 처한 환경을 이해해 본다면 갈등은 의외로 쉽게 해결될 수 있을 거라고 생각해."

"음…. 아빠 이야기를 들어 보니 일리가 있네."

"지율아, 그래서 아빠가 너한테 부탁을 좀 하려고."

"어떤 부탁?"

"전에 네가 말한 자퇴에 대해서 아빠가 너한테 몇 가지 이야기를 하고 싶은데, 그전에 미리 당부하고 싶어서 말이야."

"응."

"아빠가 너한테 이야기하는 것들을 잔소리라 생각하지 말고, 아빠의 의견이라고만 생각해 줬으면 좋겠어."

"응, 알았어."

"그리고 아빠가 나를 설득시키려고 하는구나라고 인식하지 않았으면 해. 아빠는 너를 설득시켜서 자퇴를 포기하게끔 하고 싶지는 않거든. 만약 아빠가 너를 설득해서 자퇴를 포기시킨다고 해도 그 방법은 일시적인 방편일 거야. 그건 아빠도 본질적인 해결책이 아니라고 생각해. 편견을 버리고 아빠가 하는 이야기를 잘 들어줄 수 있겠어?"

"응, 노력해 볼게."

"마지막으로 아빠가 나의 인생을 간섭하는구나라고 생각하지 않았으면 좋겠어. 물론 네 인생이기 때문에 네가 선택하고 판단하는 건 맞아. 그 선택과 판단으로 야기되는 결과 또한 네가 마주해야 하는 거니까."

"응, 그렇지."

"그러나 네 인생이기 때문에 네 마음대로 선택한다면 그건 정말 이기적인 거야."

"왜?"

"네 인생이지만 네 인생을 바라보는 엄마 아빠가 있잖아. 네 선택으로 좋은 결과가 나오면 더할 나위 없이 좋겠지만, 만약에 기대하지 않은 결과가 나오면 그 과정을 바라보는 엄마 아빠는 얼마나 가슴이 아프겠어?"

"그렇지."

"엄마 아빠는 어쩔 수 없이 불확실한 미래에 발생될 수 있는 경우의 수를 생각할 수밖에 없는 거야. 물론 심사숙고한 후에 최종적인 선택과 결정은 너의 몫이지만, 적어도 그 선택을 하는 데까지 네가 엄마 아빠에게 충분히 설득을 해 줬으면 좋겠어."

"응, 알았어."

내 생각과 상대방의 생각을 이분법적으로 접근한다면 서로의 괴리감은 절대 좁힐 수가 없다. OX 문제가 아니라 다름의 문제이기 때문이다.

지율이의 자퇴 문제는 생각과 관점, 환경의 차이에서 온 인식의 문제이다.

그렇기 때문에 섣불리 지율이를 설득시키려고 한다거나, 내 의견이 옳다고 주장했다가는 오히려 역효과가 나올 수 있다.

앞으로 나는 지율이를 설득시키기보다 왜 자퇴를 생각할 수밖에 없었는지를 이해해 보려고 한다.

논리적 갈등을 감정적 갈등으로 확대되는 것을 막기 위해서는 상대방에 대한 이해와 공감이 필요하다.

나는 지율이와 논리적 갈등을 할 뿐이다. 그리고 그 갈등은 일시적이어야 한다.

설득시키려 하지 말고, 가급적 진의가 왜곡되지 않도록 직접적인 표현을 쓰되, 아빠는 여전히 너를 사랑하고, 신뢰하고 있다는 모습을 보여주자.

이는 내가 지율이와의 대화에서 가장 기본적으로 지켜야 할 원칙이다.

2

1991년 vs 2022년

1991년 6월의 어느 월요일이었다. 운동장에서 애국조회가 끝나고 나서 교실로 들어왔는데, 담임선생님은 이미 교탁 앞에서 반 아이들을 기다리고 있었다.

"이해준."
"네?"
"너 책가방 가지고 교무실로 따라와."

애국조회를 운동장에서 할 경우, 가끔 담임선생님이 빈 교실에서 아이들의 가방을 검사하는 경우가 있다. 불시에 진행하는 것이라서 가방에 담배를 숨겨 놓고 오는 경우나, 음란 서적을 가지고 다니는 아이들은 십중팔구 담임선생님에게 걸려서 바로 교무실로 직행이다. 특별하게 걸릴 것이 없었던 나는 영문도 모른 채, 책가방을 들고 선생님을 따라서 교무실로 들어갔다.

"야."

"네?"

"너 가방 열어 봐."

"네⋯."

"넌 임마, 학생이 책가방에 왜 교과서가 없어? 어?"

"네⋯ 저 그게⋯."

"이거 시집이야?"

"네."

"이건 뭐야?"

"원고지하고 습작 노트요."

"교과서는 어디 있어?"

"아 그게⋯ 저⋯. 교과서는 서클 룸에다 놓고 다녀서⋯."

"이게 미쳤나? 너 학생 맞아? 학생이 교과서를 들고 다녀야지⋯⋯ 나중에 커서 시인 될 거야?"

"아니요."

"너 문학반이야?"

"네."

"야, 문학반이고 뭐고 공부할 생각을 해야지, 넌 도대체 무슨 생각으로 학교를 다니는 거야?"

"죄송합니다."

"다음에 가방 검사했는데 또 이러면 그때는 각오해."

"네, 알겠습니다."

당구 큐대로 수차례 머리를 맞고 나서야 나는 교무실에서 나올 수 있었다.

고등학교에 입학하고 나서 첫 월례고사 때 반에서 19등을 했었다. 지구과학을 담당했던 담임선생님은 조금만 더 성적을 올리면 수도권에 있는 4년제 대학은 갈 수 있다고 희망을 주셨었는데, 그때 이후로 내 성적은 바닥으로 곤두박질쳤다.

고등학교 1학년 때 나는 문학반에 빠져 있었다.

매일 하루 2편씩 시를 써서 서클 선배들에게 검사를 받아야 했고, 학교 수업 시간이 끝나면 서클 룸에 올라가서 선배, 동기들과 시 토론을 했었다.

더욱이 10월에 진행하는 문학의 밤 축제 준비 때문에 시 낭송을 위한 발성 연습부터 시화전까지. 어쩌면 고등학교 월례고사 후에 성적이 곤두박질친 것은 당연한 일이었다.

그 시절의 나는 공부를 해야 한다는 생각도, 대학을 가야겠다는 생각조차도 없었다. 그저 하루하루 공상과 잡생각에 빠져 있었고, 수업시간 내내 졸다가 선생님들에게 온갖 욕을 얻어먹으면서도 문학반이라는 서클 활동에만 집중했던 것 같다.

"아빠가 보기에 지율이는 아빠보다 더 나은 인생을 살 거야."
"왜?"
"아빠가 네 나이 때 그런 고민을 해 본 적이 없거든."
"어떤 고민?"
"대학을 가기 위한 고민, 공부를 잘하기 위한 고민들 말이야."

"그럼 아빠는 고등학교 1학년 때 무슨 생각을 했어?"

"아빠는 그때 아무 생각이 없었어. 그냥 공상과 잡생각에 빠져 있었지. 그리고 어떻게 하면 시를 잘 쓸 수 있을까? 뭐 그런 생각? 너처럼 앞으로의 인생에 대해서 구체적으로 고민을 해 본 적은 없는 것 같아."

"그렇구나."

"아빠에 비하면 지율이는 정말 대단한 거야."

"왜?"

"네가 자퇴를 고민했다는 것 자체가 네 인생을 주체적으로 살아가고 싶다는 너의 의지잖아. 그리고 네가 원하는 목표를 이루기 위해서 하루빨리 대학에 가고 싶다는 생각은 그만큼 네 목표를 달성하기 위해서 스스로에게 방법론을 제시한 것이기도 하니까."

"그렇지."

"그런 면에서 아빠는 네가 대견해. 분명 아빠보다는 지율이가 더 나은 삶을 살지 않을까? 하는 기대가 되기도 하고, 아직 네가 이야기한 자퇴에 대해서 아빠가 공식적으로 너에게 의견을 이야기하는 것은 아니지만, 네가 그러한 생각을 했다는 것 자체는 충분히 존중되어야 한다고 생각해서 아빠가 이야기하는 거야."

"응, 알았어."

1991년 고등학교 1학년 이해준과 2022년 고등학교 1학년 이지율은 극명한 차이가 있다.

숨 막히는 공교육 시스템의 탈출구로 문학반이라는 서클활동을 하면서 학창 시절을 연명했던 나에 비해서 자신의 목표를 이루고, 공부를 하

기 위한 방법으로 과감하게 자퇴를 고민하는 아들의 선언은 격세지감
(隔世之感)을 느끼게 한다.

　아들의 자퇴 선언은 감정적인 선택이 아니다.
　자신의 미래를 위한 최적의 방법이라고 판단한 것이고, 무엇보다 자신
의 삶을 주체적으로 살고자 하는 의지의 표현이기도 하다.
　자퇴를 하느냐, 안 하느냐의 문제를 떠나서 적어도 나는 아들의 의지
와 고민에 응원을 해 주어야 한다. 내 삶이 아니라 아들의 삶이기 때문이
며, 그 나이 때 내가 감히 생각해 보지 못한 것들이기 때문이다.

3

시대의 감성을 이어 주는 메신저

　어느 금요일 밤 11시가 다 되어 가는 늦은 시각에 지율이가 뜬금없이 이야기했다.

　"아빠, 드라이브 가고 싶어."

　"갑자기 웬 드라이브?"

　"그냥 가슴이 답답해서 음악 크게 틀어놓고, 드라이브하고 싶어."

　"그래? 그럼 가야지. 출발하자, 아들."

　그 길로 나는 지율이와 함께 임신각 평화 누리 공원으로 향했다.

　자퇴 선언 이후, 내색을 하지는 않지만 나름의 스트레스를 겪고 있는 듯하다. 기분 전환을 위해 지율이가 좋아할 만한 걸 그룹 노래를 크게 틀어 줬지만, 마음이 심란했는지 드라이브를 하는 내내 창밖만 바라볼 뿐이었다.

　"아빠, 이따 집으로 돌아갈 때는 내 핸드폰에 저장된 노래로 들으면서 가자."

　"그래, 알았어."

평화 누리 공원 근처에 차를 세워 놓고, 아들과 함께 밤하늘을 바라보았다.

그러다가 문득, 며칠 전 온라인 커뮤니티에 올라왔던 글이 생각나 아들에게 조심스럽게 이야기를 꺼냈다.

"지율아, 아빠가 며칠 전에 온라인 커뮤니티 게시판에서 참 의미심장한 글을 봤거든."

"어떤 글인데?"

"어떤 남자가 자신의 선택을 후회하는 글이었어."

"내용이 뭔데?"

"그 남자는 고등학교 때 공부도 꽤 잘했고, 교육대학교에 가는 것이 목표였대."

"그런데?"

"시험도 잘 봐서 1지망으로 원하던 교육대학교에 원서를 썼는데, 아쉽게도 그 대학은 떨어지고 2지망으로 다른 교육대학교에 합격을 한 거야."

"그래서?"

"남자는 2지망으로 합격한 대학교에 입학하지 않고, 재수를 선택했는데 그다음 해에 원하는 대학교는커녕 다른 대학교에도 합격하지 못했어. 그 후 삼수까지 했는데 역시나 합격하지 못했대."

"그래서 어떻게 됐어?"

"더 이상 대학 입시 공부를 할 형편이 안 돼서 일단 군대를 다녀오고 나서 다시금 도전하자 마음을 먹고 군대를 갔는데, 불행하게도 군대에서 사고를 당하고 장애를 입게 된 거야."

"아이쿠"

"그렇게 장애를 지닌 상황에서 제대를 하니까 스스로 아무것도 할 수 있는 것이 없었다고 하더라고, 더욱이 가정형편도 안 좋아져서 대학 입시 공부는커녕 경제 활동을 해야 될 수밖에 없는 상황으로 내몰린 거지. 그런데 장애를 입은 상황에서 학력도 고졸이다 보니 정규직으로 일을 하기에는 한계가 있는 거야. 그러면서 자신의 선택에 대해 후회하는 글을 올렸더라고."

"정말 안타까운 사연이다."

"그때 만약 1지망에서 떨어지고 2지망으로 합격한 교육대학교에 입학했었다면 지금쯤 교사가 되어 있지 않았을까 하는 후회를 게시판에 썼더라고. 한 번의 선택과 판단이 인생을 크게 좌우한다면서 말이야."

"그렇지."

"응, 아빠도 그 글 보면서 참 마음이 아프면서도 인생에서 선택과 결정이 얼마나 중요한 것인가를 다시 한번 느꼈어, 너도 이래저래 자퇴 문제로 마음이 많이 불편하지?"

"그렇지 모."

"지율아, 세상에 자식 이기는 부모는 없어. 분당 할머니, 할아버지도 그러셨던 것 같아.

처음에는 아빠나 큰아빠의 선택과 결정에 반대를 하셨지만, 결국에는 아빠와 큰아빠의 선택을 늘 존중해 주셨어. 아빠는 네가 끝까지 자퇴를 고수한다면 너의 의견을 존중해 줄 거야.

단 한 가지 아빠의 부탁은 네 인생이니까 네가 좀 더 치열하게 고민하고, 신중하게 선택하기를 바라는 마음이야. 너의 단 한 번뿐인 소중한 인생이니까 말이야."

"알았어, 아빠. 노력해 볼게."

"그래, 고마워."

자퇴 문제로 스트레스를 받고 있는 아이에게 이런 이야기 자체가 부담스럽고, 압박이 될 수 있다는 생각이 들어서 조심스럽게 이야기를 꺼냈는데, 의외로 내 예상과는 달리 훨씬 더 관심 있게 반응을 보였다.

집으로 돌아가는 길에는 약속대로 지율이의 핸드폰에 저장되어 있는 노래를 들으며 자유로를 달렸다.

지율이의 플레이리스트에서는 당연히 최신곡들이 흘러나올 줄 알았는데, 30여 년 전 내가 고등학교 때 즐겨 들었던 김광석의 노래들이 대부분이었다.

〈거리에서〉, 〈사랑했지만〉, 〈먼지가 되어〉, 〈서른 즈음에〉, 〈이등병의 친구〉, 〈너무 아픈 사랑이 아니었음을〉.

30여 년 전 나의 학창 시절에서 빼놓을 수 없는 추억의 지분을 차지한 김광석의 노래가, 이제는 대를 이어 지율이의 추억으로 쌓이고 있는 듯하다.

1990년대 이해준과 2020년대 이지율은 그렇게 비슷한 감성으로 맞닿아 있다.

김광석이 아직도 살아 있었다면 가수라는 자신의 직업에 얼마나 큰 보람을 느꼈을까?

어쩌면 그는 노래를 부른 가수일 뿐만 아니라, 시대의 감성을 이어 주는 메신저일지도 모른다.

4

살아가면서 경계해야 할 것 중에 하나

단거리 육상 경기에서 중요한 것은 스타트다. 선수들이 스타트를 어떻게 하느냐에 따라서 기록이 좌우된다. 그래서 스타트 연습은 육상 선수들에게 가장 기본적이면서 중요한 훈련이다.

반면에 장거리 마라톤에서는 스타트 연습이 별다른 의미가 없다.

출발 신호를 받고 나서야 수십 명의 선수들이 뒤엉켜 천천히 목적지를 향하며 뛸 뿐이다. 그 누구도 기를 쓰고 1등으로 출발하려고 하지 않는다. 그럼에도 아이러니한 것은 맨 마지막에 출발한 선수도, 맨 처음에 출발한 선수도 대략 35km 지점에서는 동일한 그룹에서 발을 맞추며 앞서거니 뒤서거니 뛰고 있다는 것이다. 우리가 인생을 마라톤에 비유하는 것은 아마도 이런 이유 때문이지 않을까 생각해 본다.

사회 초년병 시절에는 나보다 좋은 대학을 나와서, 더 많은 월급을 받고, 더 좋은 차를 끌고 다니는 친구들을 볼 때마다 지금의 격차가 평생 이어지는 것은 아닐까 하는 불안감이 늘 내 뇌리에 박혀 있었다.

결국 그러한 조급함은 결정적인 순간에 판단을 흐리게 했다.

단 몇백만 원의 연봉 때문에 회사를 옮기고, 드라마에서 나올 법한

M&A 분위기에 휩쓸려 어처구니없게 회사를 관두기도 했다.

그 당시에 나는 너무 조급했고, 무모했다. 지금 생각해 보면 참 어리석은 짓이었다.

각기 다른 출발점에서 시작한 마라톤이 큰 격차로 유지될 줄 알았지만, 어느 지점에서 거짓말처럼 모두 조우한다는 사실을 40대 중반이 되고 나서야 비로소 알게 되었다.

좋은 대학을 나와서 대기업에 다니는 친구들도 결국에는 구조조정의 대상이 될지도 모른다는 불안감을 가지고 하루하루 연명하고 있고, 사춘기 자녀 문제, 부부간의 갈등, 퇴직 이후의 삶에 대해서 고민하고 있다는 사실을 말이다.

물론 그들과 경제적인 격차는 있을 수 있겠지만, 적어도 마주하고 있는 고민은 비슷하다는 것이다.

조급해할 필요가 전혀 없었다. 이럴 줄 알았다면 남들과 비교하지 말고, 내 페이스를 유지하며 레이스를 즐겼어야 했다. 지금 생각해 보면 그러지 못한 나 자신이 다소 안타까울 뿐이다.

"그래서 네가 말한 것처럼 지금 자퇴를 하면 다른 학생들 보다 1년 먼저 대학에 갈 수 있다는 거지?"

"응, 1학기 내로 자퇴를 하면 내년에 검정고시로 졸업을 하고 바로 수능을 볼 수 있어. 그럼 그다음 해에 대학에 입학할 수 있는 거야."

"음… 그래서 요즘 아이들이 자퇴를 많이 하는 거구나?"

"맞아, 우리 반에서도 이미 1명이 자퇴를 했어."

"음…. 지율아, 요즘 인간의 기대수명이 몇 살인지 알아?"

"글쎄, 80살인가?"

"아빠 세대에서는 80살이었는데, 지금은 100살이래. 그래서 사람들이 요즘은 백 세 인생이라고 이야기하잖아."

"응."

"지율이 너는 앞으로 80년을 넘게 살 텐데, 자퇴를 해서 1년 먼저 대학에 들어가는 것이 무슨 의미가 있을까?"

"……."

"지율아, 아빠가 살아 보니까, 인생을 살면서 가장 경계해야 할 것 중에 하나가 조급함이라고 생각해."

"조급함?"

"응, 삶에 여유를 가지고 살아가야 하는데 인생을 항상 쫓기듯이 살고, 다른 사람들과 자기 자신을 비교하게 되고, 그 현실에 자괴감을 느끼게 되는 일들이 반복되면서 마음이 조급해지면 결정적인 순간에 선택과 판단이 흐려지게 돼."

"그런가?"

"아빠는 말이야, 만약에 네가 대학에 떨어지고 재수를 한다고 하면 원하는 대로 할 수 있게 도와줄 거야. 재수했는데 또 떨어진다? 그럼 또 삼수도 도와줄 거야. 삼수했는데도 안되었다? 그럼 군대 먼저 다녀와. 군대 다녀와서도 계속해서 공부를 하고 싶다고 하면 얼마든지 지원해 줄 용의가 있어."

"그래?"

"그럼 당연하지. 너무 조급해할 필요 없어, 지율아! 다른 아이들과 너를 비교하지 마.

너는 그냥 네 페이스대로 가면 돼. 어차피 백 세 시대인데 1, 2년 아니 5, 6년 네가 다른 아이들보다 늦게 출발했다고 해서 네 인생의 성공이 좌우되는 것은 아니야.

1, 2년 빨리 시작해도 5, 6년 늦게 출발해도 어차피 나중에 어느 지점에서 다시 만나게 되어 있어."

"……."

"네가 대학을 빨리 졸업한다고 해서 인생의 성공이 보장되진 않아. 오히려 다소 늦더라도 실패와 좌절을 겪으면서 얻은 경험과 지혜로 삶을 살아간다면, 그것이 훨씬 더 성공적인 삶으로 너를 인도하지 않을까?"

"……."

"너무 조급해하지 말고, 마음의 여유를 가져. 엄마 아빠는 항상 너를 기다려 줄 준비가 되어 있으니까."

"알았어."

지율이가 자퇴를 하려고 했던 이유 중에 하나는 하루빨리 대학에 가서 자신의 목표를 이루고 싶다는 것이었다.

나는 알고 있다. 지율이의 조급함은 자신의 목표에 대한 갈망이고, 그 목표를 이루기 위한 선한 욕심이라는 것을 말이다.

그럼에도 내가 지율이에게 조급함을 가장 경계해야 한다고 이야기한 것은 일단 마음의 여유가 없었던 지난날의 내 경험 때문이었고, 그러한 조급함이 결국에는 삶을 살아가는 데 아무런 도움이 되지 않았기 때문이다.

조급해지는 순간, 잘하던 것들도 실수하게 마련이다.

조급해지는 순간, 나의 생각이 의도치 않게 상대방에게 왜곡되어 표현되고 전달된다.

조급해지는 순간, 가장 중요한 시기에 이성이 아닌 감정의 결정을 하게 된다. 그래서 살아가면서 항상 경계해야 할 것은 조급함이다.

자퇴의 가부를 떠나 지율이가 마음의 여유를 가지고 살아갔으면 좋겠다. 조급해지는 순간 삶은 설레임이 아니라, 스트레스로 작용될 것이기 때문이다.

5

알쓸신잡
알고 보면 쓸모없는 신비하고 잡다한 지식

"자네가 해."

"네? 제가요?"

"응, 조만간 사장님께 보고할 예정이니까 자네가 다시 만들어서 보고해."

"상무님 저는 경영전략팀장인데 제가 왜 인사팀 업무까지 해야 합니까?"

"인사팀에서 진행하는 게 마음에 안 드니까 그렇지."

"그리고 상무님. 저는 인사평가안(案)을 만들어 본 적이 없습니다."

"내가 자네를 뽑을 때 올렸던 구인 광고를 찾아서 다시 한번 잘 확인해 봐. 애초에 기획, 전략, 인사, 마케팅 분야를 다 할 줄 아는 사람으로 공고를 냈었어. 그러니 자네가 해야지?"

"아니, 그래도 제가 해 본 적이 없는데…."

"다른 말 필요 없고, 다음 주까지 정리해서 보고해."

"일단 알겠습니다. 대신에 2주의 기한을 주십시오."

"알았어."

경영전략실장인 상무는 어느 날, 갑자기 나를 불러서 전사 인사평가안 (案)을 재설계하라고 지시를 했다. 인사팀장도 아닌 경영전략팀장인 나에게 말이다.

처음에는 본인의 업무 영역이 아니라고 강력하게 이야기를 해 봤지만, 상무의 성향상 내 의견을 받아 줄 리 만무했다. 일단 이렇게 된 이상 지시한 과업을 진행할 수밖에 없었다.

제일 먼저 내가 찾아본 자료는 인사평가에 대한 각각의 설계 방향에 대한 자료였고, 인사팀장에게 요청해서 전년도까지 활용했던 인사평가안(案)을 검토했다.

인사팀장이 전해 준 기존 인사평가안(案)을 하나둘씩 검토하면서, 상무가 왜 다시금 설계를 하라고 했는지 알게 되었다.

일단 인사평가 자체가 주먹구구식이었다. 정확한 데이터를 근거로 판단하는 것이 아니라 관리자와의 친소 여부에 따라 직원들의 평가 자체가 극명하게 이루어졌다는 것, 정량적 평가보다 정성적 평가가 진행되다 보니 가장 공정해야 될 인사평가가 편향되고, 주관적으로 운영이 되고 있었던 것이다.

내가 가장 먼저 했던 일들은 일단 전사 목표를 공유하고 그 목표 달성을 위한 각 사업본부 MBO(Management By Objectives, 목표관리), 각 팀별, 파트별 목표, 그 목표를 달성하기 위한 개인 업적 카드를 수립할 수 있도록 하는 것이었다.

처음에 이러한 과정을 겪으면서 각 본부장, 팀장들의 불만이 있었지만, 그럴 때마다 일일이 그들을 설득했다. 인사평가는 향후 직원들의 조직 충성도와 직결되는 것이고, 조직관리에 가장 기본적인 자료가 되기 때문이다.

인사평가안(案) 설계를 진행하면서 가장 어려웠던 것은 조직원들의 개인 업적 카드 작성이었다.

매출과 직결된 영업 관련 부서는 그나마 개인 업무 목표를 수립하는 것이 수월하기 때문에 정량적 평가가 가능하지만, 지원 부서 같은 경우에는 개인 업무 목표 자체를 수립하는 것도 어려울뿐더러 정량적 평가를 한다는 것 자체가 비현실적이었기 때문이다.

그럴 경우에는 정성적 평가 항목으로 대체하되, 평가에 대한 구체적 사유를 적게 함으로써, 관리자의 주관을 최대한 배제했다.

또한 개인 평가는 1년을 기준으로 하는 것이 아니라 분기별로 구분하여 평가할 수 있도록 구현했다. 평가 주기가 빈번하다면 조직원들의 업무 집중도는 달라질 것이고, 생산성 향상에 도움이 될 것이라고 생각했기 때문이다.

약 2주간의 시간 동안 각 사업본부 MBO(Management By Objectives, 목표관리), 팀별, 파트별 업무 목표, 직원들의 개인 업적 카드를 만들었고, 경영전략실장인 상무에게 보고하면서 프로젝트는 마무리되었다.

그 당시 인사평가안(案)을 잘 만들었는지는 모르겠지만, 그 회사는 십여 년이 훨씬 지난 아직까지도 내가 설계했던 인사 평가안(案)을 그대로 사용하고 있다고 한다.

인사평가안(案)을 설계하면서 알게 되었다. 목표는 구체적이어야 하고, 그 목표를 달성하기 위한 계획은 세부적이어야 된다는 것을 말이다.

"그래서 네가 이루고자 하는 공부의 목표는 세운 거야?"

"응."

"그 목표가 구체적이야?"

"……."

"지율아, 목표는 구체적이어야 돼. 단순히 네가 무엇이 되고 싶다는 것은 목표가 아니야, 그건 꿈일 수 있어. 꿈과 목표는 현실적으로 실현이 가능하냐, 불가능하냐의 차이야."

"……."

"만약에 말이야. 네가 서울대를 가고 싶다는 목표를 세웠어, 그럼 서울대를 가기 위한 세부적인 목표는 뭘까?"

"모든 과목에서 1등급을 받아야겠지."

"그래, 모든 과목에서 1등급을 받아야 하는 것이 너의 목표가 되어야겠지, 그리고 또 뭐가 있을까?"

"글쎄…."

"자, 생각해 보자. 예를 들어서 네가 영어 과목에서 1등급을 받고자 한다면, 1등급에 해당되는 점수를 알아야겠지?"

"그렇지."

"그럼 그것이 너의 정량적 목표가 되어야 하는 거야, 그리고 높은 영어 점수를 받기 위해서 너의 계획은 무엇이 되어야 할까?"

"……."

"예를 들어서 영어 점수를 높게 받기 위해서는 독해와 문법 문제를 많이 맞아야겠지?"

"그렇지."

"자, 그럼 독해에 국한해서 생각해 보자. 기본적으로 고등학교 수능 영어 과목에서 꼭 알고 있어야 하는 단어가 예를 들어서 약 3,000개라고 가정해 보면 너는 무조건 3,000개의 단어를 외워야 하잖아."

"그렇지."

"그런데 그 단어들을 무작정 외운다고 외워지는 게 아니잖아, 그렇다면 3,000개의 영어 단어를 암기하기 위해서 네가 하루에 외울 수 있는 단어들과 물리적인 시간을 계산해서 정해야 돼, 그게 바로 네가 하루에 공부해야 하는 학습량이 되어야 하는 거야. 무슨 말인지 알겠어?"

"응."

"그래, 목표는 구체적이어야 하고, 그 목표를 이루기 위한 계획은 세부적이어야 돼, 그렇게 하루 계획이 만들어지고 모여서 네 목표가 되는 거야."

"응, 알았어."

"막연하게 목표를 수립하지 말고, 그 목표를 수립할 수 있는 보다 세부적인 계획들을 세워 봐, 계획만 잘 세워도 목표를 달성할 가능성은 높아지는 거야."

"응, 알았어. 그런데 아빠 내가 궁금한 게 있어."

"응, 말해 봐."

"그러면 아빠는 아빠가 말한 대로 공부를 한 거야? 아빠가 말한 대로 세부적으로 계획을 세워서 공부를 해 봤어?"

"………아니, 아빠는 그렇게 못 해 봤어."

"그런데 아빠는 그걸 어떻게 알아?"

"아, 아빠가 예전에 회사에서 그런 식으로 일을 해 봐서 알지."

"그러니까 아빠는 회사에서 했던 일들을 나한테 이야기한 거야? 아빠가 공부를 그렇게 했다는 게 아니고?"

"그렇지……."

예전에 인사평가안(案)을 작성하면서 목표 수립과 계획에 대한 중요성과 기본적인 로직을 알게 되어서 조금이라도 지율이에게 도움이 되고자 조언을 해 주었는데, 생각해 보니 지율이의 입장에서는 내 이야기가 그저 이론적인 것에 불과할 수도 있겠다는 생각을 해 본다.

하긴 내가 그렇게 공부를 해 보지 않았는데, 내 경험을 공부에 접목시켜 마치 정형화된 이론처럼 이야기한다는 것이 참 우습기도 하다.

지율이가 나의 이야기를 얼마나 이해하고 받아들였을지는 잘 모르겠으나 생각해 보면 나는 늘 이론에 강했다.

직장 생활을 하면서 다양한 분야의 일을 했다는 것은 분명 충분한 장점이기도 하지만, 때론 그 지식이 깊지 않다는 것은 단점이 되기도 한다.

알고 보면 쓸모없는 신비하고 잡다한 지식일 뿐이다.

6

상대방의 결핍에 두려워하지 말자

과거에 문신은 소위 말하는 깡패들의 전유물이었다. 그러나 요즘은 문신을 타투라고 칭하며, 예전처럼 어둡고 부정적이었던 이미지가 많이 희석되었다. 팔뚝에 자신의 확고한 의지를 나타내는 그림이나 문구는 오히려 젊은이들에게 하나의 트렌드로 인식되고 있다.

그럼에도 나는 문신에 대해서 조금은 부정적이다. 특히나 학교를 다니고 있는 학생들의 요란한 문신들을 볼 때면, 나도 모르게 눈살을 찌푸리게 된다.

2년 전 아들을 폭행했던 가해 학생 중에서도 중학생이라고는 믿기 힘들 정도의 덩치가 큰 3학년 학생이 조직폭력배처럼 팔뚝에 요란한 문신을 하고 있었다.

학교폭력의 피해자들은 단순히 폭력의 행위에 대한 트라우마만 존재하는 것이 아니다.
폭력의 상황들이 뇌리에 남아 시도 때도 없이 재생된다. 그리고 어느 순간 자신도 모르게 그 상황에 매몰되어, 당시의 공포와 두려움이 끊임없이 엄습해 온다.

한 번 경험한 악몽 같은 일은 우리 뇌에 저장되어, 아무리 시간이 흘러도 그 기억의 잔상들이 쉽게 지워지지 않는다.

그래서 그 기억이 일상에서 공포와 두려움으로 전달되지 않도록 지속적으로 관리를 해 주어야 하는 것이 바로 부모의 몫이다.

"지율아, 길을 가다가 문신한 사람들을 보면 기분이 어때?"

"좀 그렇지."

"그래? 하긴 아빠도 예전에 그랬어. 요란하게 문신한 사람을 보면 왠지 모를 위압감을 느꼈던 것 같아."

"그래?"

"응, 그런데 나이가 들면서 생각이 좀 바뀌더라."

"어떻게?"

"오히려, 문신한 사람들이 두려움의 존재가 아니라 측은함의 존재로 생각이 되더라고."

"왜?"

"음…. 한 번 생각해 보자, 왜 그 사람들이 요란하게 문신을 하는 걸까?"

"그냥, 멋으로 하는 게 아닐까?"

"물론 뭐 멋으로 할 수도 있는데, 근본적인 이유가 있는 것 같아."

"어떤 이유?"

"본인들의 결핍 때문이 아닐까 생각해."

"결핍?"

"응."

"무슨 결핍?"

"아빠가 보기에는 말이야. 본인들이 두려운 마음이 있기 때문에 문신을 하는 것 같아. 자신들이 약하다는 사실을 스스로 너무나 잘 알고 있기 때문에 그걸 감추고 싶어서, 문신을 통해 결핍을 충족하는 것이 아닐까라는 생각이 들거든?"

"음. 그러고 보니 그런 것 같아. 주변에 문신한 애들 보면 상대적으로 체구가 작거나, 별로 위협적이지 않은 애들이거든."

"그래, 그 아이들은 자신감의 결핍이 있으니까, 요란한 문신으로 감추려고 하는 거야."

"음, 아빠 말이 맞는 것 같아."

"근데 대부분의 사람들은 문신한 사람들을 두려워하고 부담스러워하잖아? 생각해 보면 그들은 두려움의 대상이 아니라 측은함의 대상인데 말이야. 문신이 많다는 의미는 자신의 결핍을 상대방에게 보여 주는 것이고, 자존감과 자신감이 결여되었다는 의미와도 같으니까."

"응, 그러네."

"사람들은 의외로 결핍을 가진 사람들을 두려워하거나 의외로 동경하는 경우가 많아. 아랫사람들에게 함부로 갑질하는 사람들은 한편으로 인정 욕구에 대한 결핍이 있는 사람들이고, 시도 때도 없이 SNS에 자신의 일상을 올리며 자랑하는 사람들도 한편으로는 자신의 존재를 끊임없이 확인하고자 하는 결핍이 있는 사람들이거든."

"맞아. 요즘 SNS를 습관적으로 확인하는 사람들이 많아. 그리고 본인이 올린 글이나 영상에 사람들의 반응이 없으면 우울해하거나 속상해하는 경우도 있고 말이야."

"그래. 요즘 그렇다고 하더라. 앞으로 살아가면서 너는 결핍이 있는 사람들을 수없이 상대하게 될 거야. 그럴 때마다 상대방의 결핍에 두려워하지 마. 그들은 두려움의 존재가 아니라 측은함의 존재일 뿐이야."

곰곰이 생각해 보면 우리는 상대방의 결핍에 늘 위축되었고, 두려움을 가지고 살았다.

회사 상사의 조직 내 갑질은 자신을 인정해 달라고 조직원들에게 표현하는 인정 욕구의 결핍일 수도 있고, 상대방을 무시하며 하대하는 사람은 자신의 지적, 감정적 결핍에 따른 행동일 수도 있다.

우린 이제껏 상대방의 결핍에 긴장하며 두려워했던 것이다.

이제부터 휘황찬란한 문신을 보이며 거드름을 피우는 사람을 본다면 두려워하거나 위축되지 않기를 바란다.

어쩌면 그들에게 문신은 제발 나를 건드리지 말라고 보내는 일종의 암묵적인 표식이자, 제발 나를 인정해 달라는 처절한 표현일 수도 있다.

두려움의 존재가 아니라 측은함의 존재일 뿐이다.

7

치열할수록 답은 보인다

"영문 회사 소개서와 투자 제안서를 작성하라고요?"

"응. 이번에 회장님께 먼저 보고하고, 우리 회사를 외국 회사에 소개해서 투자 받으려고 하니까 잘 준비해 봐."

"상무님, 저는 영어를 잘하지 못하는데요?"

"내가 다시 한번 이야기하는데 자네를 뽑았을 당시에 구인 광고를 자세히 확인해 봐. 분명히 영어 가능자로 되어 있을 거야."

"아니, 상무님 그래도… 그 중요한 문서를 왜 저에게 맡기시는 겁니까? 외주 용역으로 진행하는 편이 더 낫지 않겠습니까?"

"자네가 해. 다음 주에 사장님과 회장님께 보고할 예정이야."

"……."

그 당시 경영전략실장이었던 상무는 나에게 악마 같은 존재였다. 매주 금요일 퇴근할 때마다, 다음 주 월요일에 사장님께 보고해야 한다면서 일을 던져 주고 가는 일이 태반이었다. 덕분에 나는 늘 야근에 시달렸고, 매번 주말을 반납해야 했다.

고작 기본 문법 정도만 알고 있던 내가 회사의 중차대한 문서를 작성한다는 것 자체가 내 입장에서는 당황스러웠고, 받아들이기 힘들었다.

더욱이 수십억을 투자 받기 위한 제안서라면 외주 용역으로 진행하는 것이 더 합리적일 텐데, 굳이 영어도 잘하지 못하는 나에게 지시했던 상무를 도저히 이해할 수가 없었다.

그 후에도 상무에게 다시 한번 간곡하게 이야기를 해 봤지만, 이해할 수 없는 논리로 내 의견을 묵살했다.

회사 소개서는 기존에 한글로 만들어진 문서를 바탕으로 영작을 하면 되는 일이다. 다행히 회사 소개서의 내용들은 가장 기본적인 문장만 표기가 되어도 충분히 이해가 가능해서 영작하는 것은 별문제가 없어 보였다.

문제는 투자 제안서였다. 투자 제안서라 하면 투자에 대한 기대 효과와 지분 투자에 대한 관계 설정 등 복잡하게 얽혀 있는 문제들이 많다. 이러한 투자 제안서를 영문으로 작성하기 위해서는 일단 한글로 전체의 로직과 프로세스를 정리해야 한다.

더욱이 M&A(Merger & Acquisition, 기업인수합병) 전문 용어들에 대한 정리도 필요하다. 흡연장에서 상무를 만난 나는 일단 상무가 생각하는 투자 방식에 대해서 물어보았고, 상무는 A4 용지에 열심히 그려 가며 투자 방식에 대한 방향을 나에게 설명해 주었다.

대충 이해는 했지만 문제는 상무가 말했던 복잡한 방식을 어떻게 영문으로 표현하느냐가 관건이었다.

"아빠, 예전에 내가 5살 때인가 주말에 엄마랑 아빠 사무실에 갔었잖아?"

"응, 맞아. 지율이가 한 번 왔었지? 그때 지율이가 와서 상무님 혼내 준다고 막 그랬는데… 하하하."

"그랬어? 그런데, 아빠는 영어를 못한다면서 그걸 어떻게 만들었던 거야?"

"응, 아주 무식한 방법을 썼지. 그때 아빠가 일하느라 아마 3일 정도 밤을 새웠을걸?"

"어떤 무식한 방법?"

"아빠가 영어를 잘 못하잖아."

"응."

"그래서 일단 한글로 만들어진 문서의 문장들을 아빠가 알고 있는 기초적인 문법을 이용해서 영어 문장으로 만들었지."

"그런데, 그렇게 만들면 정확한 문장인지 모르잖아?"

"그렇지, 그래서 아빠는 한글 문장을 영작하고 나서, 그 문장을 구글에서 검색을 해 봤어."

"구글에서?"

"응, 그러면 수백 가지의 문장들이 검색되어 나오는데 그 검색된 문장들을 하나하나 다 보면서 문법이 맞는지를 확인한 거야."

"그게 가능해?"

"가능하더라고."

머리가 나쁘면 몸이 고생한다고, 사실 난 이 방법을 써서 영문 투자 제안서를 완성했다. 그렇게 며칠간 밤을 새우며 만든 영문 회사 소개서와 투자 제안서를 프린트해서 상무에게 보고했다.

"오타가 있는데?"

"네?"

"People에 -s가 왜 붙어? People 자체가 복수형 단어인데, 수정해."

"아 그건…… 일단 알겠습니다."

People이 복수형 단어라는 것은 누구나 알고 있다. 그러나 -s를 붙인 것은 다른 의미를 내포한다. People은 다수의 사람들을 표기할 때 사용하고 Peoples는 단일 집합체의 특정한 사람을 의미한다는 것을 상무는 모르고 있었다.

예전 같으면 한글로 된 보고서에 이런저런 지적을 해서 다시 수정하라고 했을 텐데, 지적은 하고 싶은데 영문이라 못 하다가 우연히 발견한 peoples를 보고 지적한 것이 아닐까 생각해 본다.

"지율아, 아빠가 그때 영문 보고서를 만들고 나서 깨달은 것이 있어."

"뭐?"

"세상에 불가능한 일은 없구나! 치열하게 고민할수록 방법이 보이는구나라는 걸 깨달았지."

"음….."

"그때부터 아빠는 밑에 직원들이 못하겠다, 안 해 봤다, 이런 이야기를 할 때마다 그때의 그 경험을 이야기해 줬어. 치열하게 고민할수록 방법은 보인다고 말이야."

"그런 이야기를 하면 꼰대 아니야?"

"그런가?"

"그렇지."

"음…. 아빠는 고민이 치열할수록 네가 미처 생각하지 못한 방법이 보일 것이라는 걸 말해 주고 싶었어."

"알았어."

"그게 꼭 자퇴뿐만 아니라, 네가 살아가면서 부딪치는 문제들에 대해서도 말이야."

"알겠어. 아빠."

20여 년 가까이 직장 생활을 하면서 참 많은 일들이 있었다.

더욱이 학력 콤플렉스가 있던 내가 나름의 이름 있는 기업에서 과분한 역할을 할 수 있었던 이유는, 다양한 분야의 업무를 경험한 노하우와 치열한 고민을 통하여 결과물을 제시했던 업무 태도이지 않을까 생각해 본다.

고민은 답을 찾기 위한 최소한의 몸부림이다.

고민이 치열할수록 의외의 곳에서 답을 찾을 수 있다.

아르키메데스가 목욕탕에서 넘치는 물을 보고, '유레카'라고 외쳤듯이 말이다.

8

스페셜리스트보다 제너럴리스트

"지난달 대비해서 판관비가 왜 이렇게 증가했지?"

"네?"

"아니, 비용이 왜 이렇게 증가했냐고, 전월에 비해서."

"……재무팀장에게 확인해 봐야 할 것 같습니다."

"무슨 소리를 하고 있는 거야? 보고하는 자네가 그 이유를 알아야 되는 거 아니야? 사장님하고 회장님께 보고할 때 그분들이 질문하면 내가 자네처럼 대답하나?"

"빨리 확인해 보겠습니다."

임원 월례회의 때 보고할 각 사업본부 자료를 취합하여 경영전략실장인 상무에게 보고를 하고 있는데, 상무는 경영전략팀장인 나에게 뜬금없이 재무에 관련된 질의를 했다. 또다시 상무의 갈굼이 시작되는가 혼자 중얼거리며, 판관비 증가 사유를 알아보고 다시금 상무 방에 들어갔다.

"상무님, 지난달에 끝난 물류 창고 공사비용을 이번 달에 감가상각비로 반영해서 그렇습니다.”

“그래? 그런데 이렇게 비용을 처음부터 많이 산정한 이유는 뭐야? 정률법을 적용한 거야?

“……”

“자네, 재무 회계에 대해서 몰라?”

“……”

“아니, 경영전략팀장이 재무 회계에 대해서 모르는 게 말이 돼?”

“죄송합니다.”

“일단 이 사안은 내가 재무팀장한테 확인을 해 보겠는데, 자네는 내일부터 내가 재무 회계에 대해서 물어볼 테니까, 출근하고 매일 8시 50분까지 내 방으로 와.”

“네, 알겠습니다.”

또 시작이었다. 경영전략실장인 상무는 나를 또 괴롭혔다.

도대체 경영전략팀장인 내가 왜 재무 회계까지 알고 있어야 하는지 도통 이해할 수 없었지만, 상무의 지시로 나는 몇 개월 동안 매일 아침마다 상무 방에 불려가 재무 회계 교육을 빙자한 갈굼을 당했다.

상무와 대화를 하고 나면 내 자존감은 심하게 훼손되었고, 자괴감이 드는 것은 당연한 일이었다.

그러나 갈굼과 질책이 반복되다 보니 오기가 생겼다. 그때부터 나는 재무 회계, 관리 회계를 비롯하여 닥치는 대로 재무 관련 책들을 보기 시작했고, 놀랍게도 몇 개월 후에는 손익 계산서, 대차대조표, 현금 흐름표 등 재무 관련 문서들을 이해하게 되었다.

그 후부터는 자연스럽게 재무팀장과 회사의 손익을 보면서 토론하게 되었고, 그제서야 기업에서 재무 회계가 왜 중요한 지를 깨닫게 되었다.

그 당시 재무 회계에 대해서 공부한 경험은 추후 다른 회사로 이직하고 나서도 아주 유용하게 작용했다.

그룹 자회사의 경영지원팀장을 맡으면서 재무와 인사를 관장하게 되었고, 그다음 해에는 본사로 발령받아서 본부의 재무 파트 장으로도 일을 했었다.

사람 일은 정말 알다가도 모를 일이다. 15년 전에 경영전략실장이었던 상무는 그 당시 나에게는 악마 같은 존재였지만, 단순히 문서 작성에만 집중되었던 나의 업무를 경영전략과 재무 회계, 인사 관련 업무까지 폭넓게 경험할 수 있도록 해 주었다. 생각해 보면 그는 내 직장 생활에 새로운 전환점을 가져다준 존재인 것은 분명하다.

"지율아, 아빠는 네가 사회 경험을 다양하게 해 봤으면 좋겠어."

"왜?"

"아빠가 경험해 보니 그렇더라고, 당시에는 '내가 왜 이런 일을 해야 하나?'라는 생각이 들었는데, 시간이 지나고 보면 그때의 경험들이 살아가는 데 많은 도움이 되더라. 그리고 다양한 경험을 하면서 본인의 적성을 찾아보는 것도 나쁘지 않은 것 같아."

"그런데 오히려 한 분야에 일을 하면서 전문가가 되는 것이 좋지 않아?"

"아, 물론 전문가가 되는 것도 좋지. 그런데 말이야 지금 시대는 전문가보다 다방면의 경험을 가진 박식한 사람이 오히려 더 각광받는 것 같은데?"

"그래?"

"생각해 보자, 회사에서 분야별 전문가들을 고용하고 관리하는 사람들은 전문가가 아닌 경영자야, 경영자는 회사의 모든 분야를 알고 있는 사람들이잖아."

"음… 그러네."

"군대에서 별을 달면 우리는 장군이라고 호칭하잖아?"

"응."

"군대에서 별을 달면 달라지는 것 중에 하나가 병과가 없어지는 거야."

"병과?"

"응. 군대에서도 보병, 헌병, 포병 등 각각의 병과가 있거든, 근데 별을 다는 순간 병과가 없어져."

"왜?"

"장군이 되었다는 의미는 병과와 상관없이 모든 분야를 알고 있다는 것을 전제하기 때문이야, 그래서 장군을 영어로 표기할 때 'General'이라고 하는 거고."

"아, 생각해 보니 그러네."

아들이 성장한다는 것을 느끼는 순간은 대화의 소재가 점차 확장되어 간다는 것을 실감할 때다.

예전에는 대화의 소재가 자신의 관심사에만 국한되었다면 어느 순간 역사, 철학, 정치, 사회 문제 등으로 소재가 확대되었고, 이제는 자신의 질문에 대해 내 생각을 노골적으로 요구하는 일들이 잦아졌다.

그럴 때면 나는 바로 대답하기보다 내 생각을 정리하고 나서 답변을 해 주었다. 아들의 질문에 되도록이면 내가 알고 있는 지식과 정보를 최대한 이야기해 주려고 한다.

아들이 새겨들었으면 하는 내용이거나 강조해야 될 내용을 이야기할 때면 항상 내 경험을 곁들여서 이야기를 해 주었다. 그래야 아들이 더 공감을 할 수 있기 때문이다.

불필요한 경험이었고 허투루 시간을 낭비했다고 생각했던 일들이 지나고 보면 어느새 지식으로 축적되어 있었고, 그 경험과 지식들이 올바른 선택과 판단의 기준이 되는 경우가 많았다.

그러한 이유로 지율이가 앞으로 살아가면서 많은 경험을 해 봤으면 좋겠다.

많은 경험을 했다는 의미는 많은 지식이 쌓였다는 것이고, 무엇보다 많은 고민을 했다는 의미와도 같기 때문이다.

9

학교란 무엇인가?

30여 년 전 내가 고등학교를 다녔을 때의 기억은 별로 유쾌하지가 않다. 매일 아침마다 7시 40분까지 등교를 하고, 졸음을 참아가며 시작하는 0교시 수업은 지금 생각해도 고문 그 자체였다.

교실을 가득 채운 60명에 가까운 반 학생들, 과목별 교과서와 도시락 2개를 함께 넣은 가방의 무게는 천근만근이었다.

학생들의 인권은 보호되지 못하고 교사들의 체벌을 당연시하던 시절이었고, 교련복을 입고 M16 소총 모형을 들고 총검술을 배우던 시절이었다.

다행히 세상은 바뀌었고, 내가 경험한 고등학교 시절의 경험은 까마득히 호랑이 담배 피우던 시절이 되어 버렸다.

몇 년 전부터 학생들을 대상으로 재능 기부 형태로 시작한 직업 교육 강의는 매번 강의를 할 때마다 감회가 새롭다.

30여 년 전 60명에 달했던 반 학생들은 이제 25명 내외로 줄어들어 학생 한 명 한 명과 눈을 마주치며 수업을 할 수 있었고, 각 반마다 시스템 공조기가 설치되어, 날씨에 상관없이 쾌적하게 수업을 받을 수 있는 환경이 되어 있었다.

그리고 교실마다 설치된 개인 사물함은 격세지감(隔世之感)을 느낄 만큼 교육 환경이 눈에 띄게 발전했다는 것을 실감했다.

더욱이 교사들의 체벌이 금지되고 선생님들과 격의 없이 지내는 학생들의 모습을 보면서, 비로소 학교가 민주 시민 양성을 위한 배움터로 탈바꿈 되었다는 것에 안도했다.

그러나 교육 환경의 인프라가 발전한 것에 비하여, 공교육의 방향성은 과거와 비교하여 크게 변화되지 않았다. 아직도 대학의 서열화가 유지되고 있는 교육 현실이 그저 씁쓸할 뿐이다.

“아빠가 얼마 전에 우리나라 정치 구조가 특이하게도 다른 나라들과 달리 대통령제와 의원내각제가 혼합된 방식이라고 이야기해 줬었지?”

“응, 아빠가 그때 이야기해 줬지.”

“네가 경제에 대해 물어봤을 때에도, 경제를 이해하기 위해서는 금리를 알아야 한다고 이야기했던 거 혹시 기억나?”

“응, 금리에 따라서 경제 정책이 바뀐다고 아빠가 이야기해 줬던 거 기억나.”

“아빠가 그걸 어떻게 알고 너한테 이야기를 해 줬을까?”

“아빠가 따로 공부해서 알려 준 거 아니야?”

“아니야, 아빠가 너에게 설명해 준 것의 대부분은 고등학교 때 정치 경제 시간에 배운 거야.”

“그래?”

“응.”

"30여 년이 지났는데 아직도 기억나는 거 보면 신기하지 않아?"

"그러네."

"학교는 인간이 살아가면서 가장 기본적이고 필수적인 정보와 지식을 습득하는 곳이고, 가장 기본적인 공동체 생활을 습득하는 곳이기도 해."

"공동체 생활?"

"그래. 공동체 생활. 자, 학교를 다니다 보면 네 맘에 안 드는 친구들도 있지?"

"응, 있지."

"세상에는 말이야, 네가 좋아하는 사람들하고만 지낼 수는 없어. 더욱이 학교를 졸업하고 네가 본격적으로 사회생활을 하면 정말 천태만상의 사람들을 만나, 그런 사람들과 함께 지내다 보면 당연히 갈등이 생길 수밖에 없겠지?"

"응."

"그럼, 그 사람들하고 갈등이 생길 때마다 회사를 관두거나 그 사람들과 다툴 거야?"

"아니."

"학교는 그러한 공동체 생활에서 가장 기본적인 덕목을 배우고 체험하는 곳이야."

"네가 지금 반 학생들이 마음에 들지 않는다고 자퇴를 하겠다는 말은 곧, 앞으로도 공동체 생활에서 네가 마음에 들지 않는 사람들을 만나면 네가 먼저 탈퇴하겠다는 말과 같지 않을까?"

"……."

"지율아, 그래도 학교 다니면 교실에서 반 아이들하고 우스갯소리 하면서 재미있는 일들도 많지 않아?"

"응, 재미있는 일들도 있기는 하지."

"그래, 지율아, 그 재미로 학교를 다니는 거야. 꼭 공부를 하기 위해서, 대학을 가기 위해서 학교를 다닌다고만 생각하면 안 돼. 만약에 아빠가 경험한 권위주의 시대의 학교 환경이 지금까지 그대로 이어졌다면, 아빠는 너의 자퇴를 두말없이 찬성했을 거야.

그 당시의 학교는 폭력이 난무했고, 차별과 무시가 만연했으니까 말이야. 그런데 지금의 학교는 과거에 아빠가 경험한 것과 비교가 안 될 정도로 많이 발전했어. 선생님들이 학생들의 의사를 최대한 존중해 주고, 학생들이 선생님들과 격의 없이 지내는 모습을 보면, 적어도 권위주의 시대의 학교보다는 훨씬 더 민주 시민의 역량을 갖춘 배움터로 탈바꿈한 것 같아."

"……."

"학교는 단지 대학을 가기 위해서 다니는 것이 아니라, 공동체 생활에서 최소한의 덕목을 배우고, 반 아이들과 부대끼며 네가 앞으로 경험해야 할 사회를 미리 체득하는 작은 사회이기도 하거든."

"일단, 알았어."

지율이가 학교를 자퇴하려고 했던 이유 중에 하나는 학교의 현실적인 기능과 사회적인 기능을 혼동했기 때문이다.

그래서 학교의 진정한 의미를 지율이에게 말해 줄 필요가 있었다.

학교는 최소한의 지식과 정보를 제공하는 플랫폼이자, 공동체 사회에서 가장 기본적이고 인간적인 커뮤니티라는 것을 말이다.

10

고수(高手)의 길

나의 단점 중의 하나는 감정이 그대로 얼굴에 묻어난다는 것이다. 그러다 보니 윗사람의 질책이나 논쟁이 벌어졌을 때, 나도 모르게 얼굴에서 감정이 표출되어 숱한 오해를 받기도 했었다. 그런데 유독 나와는 다르게 평온한 사람들이 있다.

충분히 화를 내고 감정을 표출해야 하는 상황임에도 온화하게 포커페이스를 유지하며, 자신의 감정을 컨트롤하는 사람들을 볼 때면 놀랍기 그지없었다. 많은 시간이 흐른 후에 사사건건 자신의 감정을 숨기지 못했던, 나 자신이 얼마나 하수(下手)였는지를 새삼 깨달았다.

진정한 고수(高手)는 자신의 감정을 쉽게 드러내지 않는다.

그저 때를 기다리는 것뿐이다.

"고등학교에서도 남학생들이 어깨빵을 하고 다녀?"

"하고 다니는 애들이 좀 있지."

"너한테도 하고 그래?"

"응, 나도 당한 적이 있어. 좀 몰려다니는 애들 중의 한 명이 갑자기 나한테 어깨빵을 하고 지나가더라고, 왜 그러는지 모르겠어."

"네가 덩치도 좀 있고 그러니까 그냥 슬쩍 건드려 보는 것이 아닐까?"

"그럴 때는 어떻게 해야 해? 나도 같이 어깨빵을 해야 할까? 아니면 화를 내야 할까?"

"아빠가 보기에는 굳이 화를 낼 필요는 없을 것 같은데?"

"그럼, 계속 어깨빵을 맞고만 있어?"

"이렇게 해 보면 어떨까?"

"어떻게?"

"그 학생이 너에게 또 어깨빵을 하면 아무 말 하지 말고 그냥 씨익 웃어."

"웃으라고?"

"응. 웃되, 활짝 웃지는 말고 그냥 썩소만 날리면서 어깨를 감싸."

"그리고?"

"그리고 그냥 가던 길 가."

"뭐야, 또 하면 어떻게 해?"

"그렇게 한두 번은 똑같이 웃되, 또 그러면 웃으면서 단호하게 한마디만 해."

"뭐라고?"

"여기서 이러지 말고 방과 후에 내가 다니는 체육관에서 정식으로 스파링 한 번 하자고 해, 그러면 그 아이가 뭐라고 할 것 같아?"

"글쎄"

"못 들은 척하거나, 너에게 사과를 할 거야."

"그런데 아빠, 어깨빵을 당했는데 왜 처음에는 웃어야 돼?"

"남자아이들이 어깨빵을 한다는 것은 상대방의 반응을 보기 위해서야. 그 아이들은 어깨빵을 하면 대부분의 아이들이 화를 내거나, 똑같이 어깨빵을 하거나, 모른 척 반응을 보일 거라고 예상할 거야. 상대방의 반응을 보면서 본인들이 우월하다고 생각하거든? 그런데 네가 다른 아이들과 달리 예상치 못한 반응을 보인다면 당황해하지 않겠어?"

"음……."

"그러다가 네가 체육관에 가서 정식으로 스파링을 하자고 단호하게 이야기한다면, 아마도 그 아이들은 네가 힘을 숨기고 있다고 생각할 거야. 굳이 네가 힘을 보이지 않고도 상대방을 제압한다면 그거야말로 이기는 전략이 아닐까? 인간이 무서운 이유는 다른 동물과 달리 자신의 감정을 숨길 수 있는 능력 때문이야. 화를 내고 짜증을 부려야 할 상황에서 오히려 웃고 있는 모습을 보이면, 그것만큼 무서운 것은 없을 것 같지 않아?"

"아, 그러겠네. 아빠가 말한 대로 한 번 해 볼게."

학교폭력 피해 학생이었던 지율이가 고등학교에 입학하고 나서 제일 걱정이 되었던 것은 혹시나 또 다른 학교폭력에 연루되지 않을까 하는 것이었다. 아무래도 고등학교는 지역의 여러 중학교에서 배정받다 보니 모르는 학생들이 더 많고, 남학생들 사이에서는 암묵적으로 힘의 서열화가 이루어지기 때문이다. 지율이가 상대적으로 다른 학생들에 비하여 덩치가 좀 있다 보니, 소위 말하는 일진 남학생들이 하나둘씩 건드리지 않을까 우려를 하고 있었는데 내 예상은 빗나가지 않았다.

"아빠, 아빠가 말한 방법을 써 봤는데 효과가 좋았어."

"그래?"

"응, 어깨빵을 당할 때마다 아이고 자식~ 이렇게 웃으면서 어깨를 감싸고 지나갔는데, 몇 번 또 어깨빵을 하길래 여기서 이러지 말고 내가 다니는 체육관에 가서 정식으로 스파링을 해 보자고 웃으면서 이야기했더니, 아빠가 예상했던 것처럼 그 애가 미안하다고 이야기를 하더라고."

"그 봐, 아빠 말이 맞지?"

"응. 그러면서 친하게 지내자고 먼저 손을 내밀더라고."

"그래, 굳이 그 아이들과 힘을 겨룰 생각은 하지 말고 잘 지내 봐. 남자는 말이야 함부로 자신의 힘을 과시해서는 안 돼. 세상에는 나보다 강한 사람이 훨씬 더 많으니까 늘 겸손해야 돼."

"응, 알았어."

내가 조언해 준 방법이 통했던 이유는 일단 지율이는 덩치가 좀 있고, 초등학교 때부터 검도와 복싱 등을 꾸준히 섭렵해 왔기 때문이다. 거기다 요즘은 전투삼보라는 운동을 하고 있다 보니, 지율이의 피지컬과 여러 환경들이 적절히 조화가 되어 통했던 것이 아닌가 생각한다.

그럼에도 나는 지율이에게 상황에 따라 자신의 감정을 숨길 줄 알아야 한다고 끊임없이 강조했다.

이는 나의 전철을 밟지 않았으면 하는 마음에서 비롯된 것이고, 지율이의 성향상 자신의 감정 표현으로 오히려 더 많은 스트레스를 받을 것이란 걸 알고 있기 때문이었다.

화를 내야 될 상황에서 오히려 평온함을 유지한다는 의미는 그만큼 내면에서 깊은 인내를 하고 있다는 의미이기도 하다. 중원의 고수(高手)가 함부로 칼집에서 칼을 빼고 휘두르지 않듯이, 지율이의 칼은 칼집에 있을 때 상대방에게 가장 두려운 무기이어야 한다. 힘을 겨루지 않고 상대방을 제압해서 내 편으로 만들 수 있는 사람, 그게 바로 진정한 고수(高手)다.

그러기 위해서는 자신의 감정을 제어할 줄 알아야 한다.

11

노력의 결과를 경험한 희열

"10kg을 감량한다고?"

"응, 대회에 나가려면 몸무게를 68kg으로 맞춰야 돼."

"가능하겠어? 단기간에 너무 무리하는 거 아니야?"

"그래도 해야지."

삼보 체육관에 다니고 있던 지율이가 어느 날 삼보 대회에 출전한다며 체중 감량을 하겠다고 했다. 가뜩이나 먹는 것을 좋아하는 아이인데 단기간에 그것도 10kg이나 감량해야 한다는 말에 나와 아내는 놀랄 수밖에 없었다.

"차라리 체급을 좀 올려서 출전하면 어때?"

"안 돼. 68kg 체급에 맞춰서 출전해야 돼."

"그래도 한 달 만에 어떻게 10kg을 감량해. 그러다가 건강에 무리가 오면 어떡하려고?"

"걱정하지 마, 내가 알아서 뺄 테니까."

그때부터 지율이는 스스로 식단을 조절하기 시작했고, 저녁에 학원에서 돌아오면 산책로를 달리기 시작했다. 하루 이틀 하다가 힘들어서 포기하겠지 싶었는데, 예상과는 달리 3주 만에 10kg를 감량하고 대회에 참가하였다.

　　무리한 감량 탓이었는지 아쉽게도 1라운드에서 탈락하고 말았지만, 먹는 걸 그토록 좋아하던 아이가 스스로 식단 조절까지 하면서 3주 만에 10kg을 감량했다는 사실이 정말 대단하다고 느껴졌다.

　　"지율아, 네가 자퇴를 할 때 하더라도 아빠는 네가 노력에 대한 결과의 희열을 경험해 봤으면 해."

　　"희열?"

　　"응, 네가 노력을 해서 좋은 결과를 얻고, 희열을 느끼는 게 아빠는 무엇보다 중요하다고 생각하거든."

　　"그런가?"

　　"너 예전에 삼보 대회 나간다고 체중을 10kg 감량한 적 있었지?"

　　"응, 3주 만에 10kg 감량했었던 적이 있었지."

　　"그때 그렇게 감량하고 대회 나갔다 와서, 몸무게는 예전으로 다시 돌아왔잖아."

　　"그렇지. 금방 돌아왔지."

　　"그 후에 너는 살이 찌더라도, 네가 마음만 먹으면 언제든지 다시 뺄 수 있을 거라고 생각하고 있지 않아?"

　　"응, 맞아 아빠."

　　"네가 그런 생각을 하고 있는 이유는 무엇보다 네가 감량의 과정을 직접 겪었고, 노력의 희열을 경험했기 때문이야."

"그렇지."

"그런 노력의 과정을 경험하고, 결과의 희열을 느끼게 되면 무슨 일이든 할 수 있다는 자신감이 생겨. 적어도 너는 그 경험을 통해 앞으로 살아가면서, 네 몸을 네가 스스로 통제할 수 있다는 자신감이 생겼을 거야."

"맞아, 그건 그래."

"공부도 마찬가지야, 네가 공부를 열심히 하는 과정도 물론 중요하지만, 네가 공부를 열심히 한 것에 대한 결과의 희열을 얻는 것도 굉장히 중요해. 아빠는 사실 그런 희열을 느껴 본 적이 없거든? 그러다 보니까 공부에 대한 두려움, 시험에 대한 두려움이 아직도 막연하게 남아 있어."

"그래?"

"응, 의외로 우리 사회는 공정하지가 않아, 노력만 한다고 좋은 결과를 얻지 못한다는 거야. 그런데 아빠가 살아 보니까 노력의 희열을 경험하는 것이 정말 중요하더라고. 사회는 공정하지 않지만, 적어도 공부는 나의 노력 여부에 따라 결과가 바로 나오잖아. 네가 지금 그 노력에 대한 결과의 희열을 경험하지 못한다면 앞으로 살아가면서 그 희열을 한 번도 경험하지 못할 수도 있어."

"음⋯."

"노력에 대한 결과의 희열을 경험해 본 것과 경험하지 못한 것은 정말 큰 차이야."

"음⋯. 알았어."

고등학교 시절 난 누구보다 제도권 아래에서 열심히 공부를 했다고 자부했지만 성적은 늘 처참했다. 밤을 새우며 공부한 적도 있었고, 다른 아이들과 똑같이 야간 자율 학습을 하며 공부를 했음에도 불구하고 성적은 노력한 만큼 오르지 않았다.

그래서인지 나는 공부와 시험에 대한 막연한 두려움을 갖고 있다. 승진 시험을 본다거나 자격증 시험을 보게 되면 이유 없이 불안해지기도 하고, 그 막연한 불안감 때문에 공부에도 집중을 하지 못한다.

그 이유는 노력에 대한 결과의 희열을 충분히 경험하지 못했기 때문일 것이다.

자기 자신을 믿는 것이 가장 중요한데 노력에 대한 희열을 경험하지 못했기 때문에, 자꾸만 불안해하며 나 자신을 불신하게 되는 것 같다.

지율이가 자퇴를 할 때 하더라도 자신의 노력으로 좋은 결과를 얻는 희열을 단 한 번이라도 경험해 본다면, 그 경험만으로도 살아가는 데 많은 도움이 될 것이다.

12

챔피언의 필수 조건

"저하고 스파링 한 번 하시죠? 링으로 올라오세요."

"네? 관장님, 저는 아직 그럴 만한 실력이 안 돼요."

"괜찮아요, 링으로 올라오세요."

"제가 어떻게 관장님을 때립니까?"

"하하하, 왜요?"

"연배도 훨씬 많으신데, 제가 어떻게 관장님을 때려요."

"하하하, 걱정하지 마시고 저를 마음대로 한번 때려 보세요."

"제가 때려서 다치기라도 하면 어써시러고요."

"하하하, 그러니까 저를 한 대라도 때려 보시라니까요."

그렇게 시작된 복싱 관장님하고의 스파링은 예상외로 일방적인 나의 패배였다.

막상 스파링이 시작되자 호기롭게 관장님을 때릴 수 있을 것이라는 나의 생각은 무너졌다.

넉 달 동안 배웠던 원, 투 스트레이트, 훅, 어퍼컷 자세는 순식간에 무너졌고, 숱하게 연습했던 복싱 스텝은 엉킨 실타래처럼 꼬여 버렸다. 샌

드백을 칠 때마다 경쾌한 소리가 났던 나의 주먹은 이상하게 전혀 힘이 실리지 않았다.

결국 2라운드 동안 나는 제대로 주먹 한 번을 휘두르지 못한 채 일방적으로 맞기만 했다.

"관장님, 막상 스파링을 해 보니 모든 것이 다 무너지네요."

"그렇죠? 원래 그런 거예요."

"자세도 무너지고, 스텝도 엉키고 주먹에는 힘이 안 들어가고…."

"그래서 계속 연습해야 합니다."

"복싱 경기를 보면 선수들이 주먹을 피하고 그러는데, 주먹을 피하려면 어떻게 해야 하나요?"

"많이 맞아 봐야죠."

"아, 그렇군요."

70살이 넘은 복싱 관장님과의 스파링은 그렇게 끝나 버렸다. 스파링을 할 때 나의 당황한 모습이 재미있었는지, 관장님은 그 후 나를 볼 때마다 웃으면서 스파링을 하자고 이야기했다. 그럴 때마다 매번 독한 마음으로 링에 올라가지만 결과는 늘 똑같았다.

"지율아, 오늘 관장님하고 스파링 했다."

"어떻게 됐어?"

"엄청 두들겨 맞았지. 스파링 하니까 아무것도 안되더라고."

"아빠, 원래 처음에는 그런 거야. 그런데 하면 할수록 실력이 늘어. 관장님하고 자주 해 봐."

"그러지 않아도 관장님이 아빠 볼 때마다 스파링을 하자고 하네."

"웅."

"아빠가 스파링을 하고 나니까, 그런 생각이 들더라."

"어떤 생각?"

"도대체 마이크 타이슨은 챔피언이 되기 위해서 상대방에게 얼마나 많은 주먹을 맞아 봤을까 하는 생각"

"엄청 많이 맞아 봤겠지?"

"물론 마이크 타이슨의 신체적 피지컬과 주먹의 파워도 중요하지만 무엇보다 스파링을 통해서 상대의 주먹을 견디면서 자연스럽게 피했던 것이 아닐까?"

"그러겠지."

"결국, 챔피언은 상대의 주먹을 피하고 견디기 위해서 수백 대의 주먹을 맞아 봤다는 거잖아."

"그러니까 누구보다 주먹을 잘 피하는 거겠지?"

"우리 인생도 마찬가지인 것 같아, 우리는 늘 챔피언이 되기 위해서 상대를 다운시키려고 집중을 할 뿐, 상대의 주먹을 피하고 견디는 연습에는 상대적으로 신경을 덜 쓰잖아, 어쩌면 그것이 가장 중요한 연습인데 말이야, 복싱은 주먹의 파워를 키우기 전에 상대의 주먹을 맞고도 버틸 수 있는 맷집이 더 중요한 것일 수도 있지 않을까?"

"음…… 복싱은 때리는 연습보다 맞는 연습을 먼저 해야겠네, 그럼?"

"그렇지."

복싱의 재미를 위하여, 나의 복싱 실력을 점검하기 위해서 관장님과 했던 스파링은 삶의 깨달음을 얻는 계기가 되었다.

우리 모두는 인생의 챔피언이 되기를 원한다.

그러나 대부분의 사람들은 이미 챔피언이 된 사람들의 성공 스토리에만 열광할 뿐, 챔피언이 되기 위해서 그들이 겪은 수많은 좌절과 고통에는 상대적으로 무관심하다.

나는 지율이가 주먹을 단련하기보다 먼저 상대방의 주먹을 맞고, 견딜 수 있는 맷집과 주먹을 피할 수 있는 민첩성을 터득하기를 바란다.

상대방의 주먹을 견디지 못하고, 피하지 못한다면 내가 주먹을 날리기도 전에 먼저 쓰러질 수 있기 때문이다. 복싱은 타격 운동이 아니라 상대방의 주먹을 견디면서 기회를 엿보는 운동이다.

결국 무수한 위기를 버티고 극복하는 데 승패가 달려 있다.

우리의 인생도, 복싱도 말이다.

13

선생님이라는 멘토

"아빠, 그래서 그때 프로젝트는 어떻게 되었어?"

"응, 아빠가 담당한 분야는 무리 없이 진행되었고, 컨소시엄으로 들어온 나머지 인원들은 많이 힘들었지."

"왜?"

"그 당시 중앙부처 프로젝트 관리자가 민간에서 채용한 개방형 직위로 들어온 사람이었거든, 그러니까 업무 프로세스를 다 알고 있었던 거야."

"그래?"

"응, 우리들의 업무를 훤히 다 알고 있었던 거지, 그리고 엄청 깐깐한 사람이었고."

"관리자가 그렇게 깐깐한 사람이었는데 아빠는 왜 편했던 거야?"

"그게 말이야, 아빠가 보기에는 딱 한 번 신뢰를 주었던 것 같아."

"어떻게?"

"보통 지식정보화 컨설팅 프로젝트를 하게 되면 처음에 투입되고 나서 한 달 이내에 프로젝트 착수 보고를 하거든."

"응."

"그때, 아빠가 맡은 분야에 대해서 발표한 자료가 정보화 담당관의 마음에 들었던 거지."

"어떻게 했길래?

"아빠는 기존에 하던 대로 문제점을 파악해서 분석하고, 그 문제점에
대한 대안을 만들어서 보고 했던 것뿐이야."

"다른 사람들은 그렇게 안 했어?"

"응, 다른 사람들은 기존에 수행했던 프로젝트 문서를 그대로 가져와
서 문구만 대충 수정하고 보고했지."

"그래서 그것 때문에 다른 사람들은 힘들었던 거구나?"

"그렇지, 정보화 담당관 입장에서는 대기업 SI 업체, 소프트웨어 업체,
벤처 기업 이렇게 3개의 기업이 컨소시엄을 이루어서 진행하는데, 대기
업 SI 업체, 소프트웨어 업체는 대충 일하고, 오히려 조그만 벤처 기업에
서 파견한 1명이 고민해서 발표하니까 그게 신통해 보였던 것 같아."

"응, 그렇구나."

"지율아, 아빠가 그때 느낀 것이 뭔지 알아?"

"뭔데?"

"업무적으로 깐깐한 사람들이 직장 상사가 되면 대부분 힘들 거라고
생각하잖아?"

"그렇지."

"그런데 아빠가 경험해 보니 오히려 그런 직장 상사가 함께 일하기는
더 좋은 거 같아."

"왜?"

"단 한 번의 신뢰만 주면 되거든. 물론 업무적인 신뢰를 주는 것이 쉽
지는 않겠지만, 상사가 업무적인 신뢰를 갖는 순간 그때부터 전적으로

믿고 일을 맡기더라고."

"음… 그렇구나."

2003년 중앙부처 지식정보화 컨설팅 프로젝트에 참여했던 적이 있었다. 그 당시 프로젝트는 대기업 SI 업체, 중견 소프트웨어 업체, 그리고 벤처기업인 우리 회사가 컨소시엄을 통해서 참여했었고, 총 8명의 인원 중에서 우리 회사에서는 나 혼자만 프로젝트에 투입되었다.

프로젝트에 투입되고 나서 약 한 달간 실무자 인터뷰, 요구 분석서를 바탕으로 착수 보고회가 열렸다. 내가 담당한 분야에 현재 문제점과 향후 컨설팅 방향성에 대해서 프레젠테이션을 듣고 나서, 정보화 담당관은 나에게 명함을 주며 아주 흡족해했었다.

그 당시에 중앙 부처에는 특정 분야에 대해서 개방형 직위가 시행되었다.

정보화 담당관은 원래 공무원이 아닌 대기업 SI 업체에서 부장을 역임한 경력을 가진 사람이었다. 즉, 그 사람은 SI 개발 프로세스에 대해서 모든 것을 다 알고 있었던 것이다.

그러다 보니 다른 프로젝트에서 사용한 문서를 대충 수정해서 발표한 대기업 SI 업체, 소프트웨어 업체 인원들은 착수 보고회에서 정보화 담당관에게 강한 질책을 받았고, 그때부터 모든 프로젝트의 산출물들을 정보화 담당관에게 승인을 받게 되었다.

그리고 6개월로 예정되었던 프로젝트 기간은 9개월로 연장되었다.

결국 단 한 번의 보고가 프로젝트의 성공을 좌우했던 것이다.

"영어 선생님이 좀 그래?"

"응, 수업도 좀 성의가 없고, 내가 학급 회장이라는 이유만으로 자꾸 나한테 질문하고 망신을 주는 거 같아."

"음…… 그건 망신을 주는 게 아니라, 너를 아니까 수업의 호응을 받기 위해서 그런 거 아닐까?"

"몰라, 아무튼 짜증 나."

"그런데 얼마 전에 영어 성적 때문에 고민이라고 했잖아? 학교 선생님하고 관계가 좋지 않으면 어떻게 하려고?"

"그냥 어떻게든 되겠지, 뭐."

"음…… 이렇게 한번 해 보는 건 어떨까?"

"어떻게?"

"수업 시간 끝나고 교무실에 가서 선생님에게 진지하게 영어 공부를 어떻게 해야 하냐고 물어봐?"

"싫은데?"

"왜?"

"그냥 그 선생님이 짜증 난다니까."

"그런데 지율아, 생각을 좀 해 보자. 단순히 네가 좋고 싫음에 대한 감정으로 영어 공부에 대한 학습법을 포기한다면 네 입장에서는 손해가 너무 큰 것 아니야? 개인의 사소한 감정으로 더 많은 이익을 포기한다면 너무 어리석은 것 아니냐고?"

"음… 그 선생님도 나를 별로 안 좋아하는데?"

"그건 좋고 싫음의 문제가 아니야, 아무리 싫어도 네가 선생님한테 개인적으로 찾아가서 진지하게 질문을 하게 되면 아마도 최선을 다해 가르쳐 주려고 노력하실걸? 그리고 나면 앞으로 너에 대한 인식도 완전히 달라질 거야."

"그럴까?"

"그럼. 선생님들이 수업에 열의가 없는 것은 단순히 개인의 성향 때문이 아니야. 모든 현상은 작용과 반작용이 공존해. 아마도 선생님들이 수업에 열의가 없었던 것은 수년간 수업을 진행하면서 학생들에 대한 실망감이 많이 작용했기 때문일 거야. 대부분 학원에서 선행 학습을 하다 보니 자연스럽게 수업 시간을 등한시하는 아이들이 많잖아."

"그렇긴 하지."

"단 한 번의 신뢰가 중요하다고 아빠가 이야기했잖아. 만약에 네가 영어 선생님에게 진지한 표정으로 영어 공부법에 대해 물어보면서 공부에 대한 너의 의지를 보여 준다면 선생님은 너에게 신뢰가 생길 것이고, 너에 대한 인식을 완전히 바꿀 거야. 어쩌면 그 선생님은 네가 학교를 졸업할 때까지 너에게 아주 훌륭한 멘토가 되어 줄 수도 있어. 단순히 개인의 감정으로 더 큰 이익을 포기하지 않았으면 해. 감정이 개입돼서 판단할 문제는 아닌 듯한데?"

"음…… 일단 생각해 볼게."

인간관계에서도 전략이 필요하다. 당연히 개인의 감정 여하에 따라 상대방과의 인연이 이어지겠지만, 무엇보다 개인의 감정과 내가 얻을 이익이 무엇인지 서로 비교해 보아야 한다.

좋고, 싫음이 명확한 지율이에게는 좀 더 유연한 인간관계의 지혜가 필요하다. 더욱이 선생님들에 대한 막연한 불신은 학교생활을 지속하는

데 큰 영향을 줄 것이다.

무작정 선생님들과의 관계 개선이 중요하다고 이야기할 것이 아니라, 선생님들을 최대한 활용하여 내가 얻을 수 있는 것들이 무엇인지를 생각해 보는 것이 더 중요하다.

"아빠 말대로 해 봤거든?"

"그래? 선생님이 뭐라고 이야기하셔?"

"갑자기 내가 물어보니까 처음에는 당황해하셨는데, 그래도 하나하나 다 설명해 주셨어."

"그래?"

"응, 지금 내 영어 성적을 보면서 어떤 부분이 취약한지 이야기해 주시고, 공부 방법에 대해서도 말씀해 주셨어."

"다행이네."

"그러면서, 언제든지 질문할 것이 있으면 이야기하라고 하시더라고."

"그 봐, 아빠 말이 맞지?"

"응."

"어쩌면 선생님은 학생들이 자신에게 많이 물어봐 주기를 기다리고 있었을지도 몰라."

"응, 그랬던 것 같아."

"그래, 자주자주 그 선생님한테 물어보도록 해, 아마도 그 선생님은 네가 물어볼수록 최선을 다해서 알려 주실 거야."

"알았어."

아무리 공교육이 무너졌다고 이야기를 해도, 여전히 선생님들의 말 한 마디는 우리 자녀들에게 큰 영향력을 갖는다.

부디 영어 선생님이 지율이에게 영향력 있는 사람으로 기억되기를 바란다.

14

의미 없는 시간은 없다

"하하하, 아빠 다른 에피소드는 없어?"

"응, 이제 거의 다 이야기한 것 같은데?"

"아빠 군대 이야기는 언제 들어도 재미있는 것 같아. 라디오에 사연으로 한번 보내 봐, 너무 웃겨."

가족들과 강원도로 여행을 가면, 가끔씩 양양을 지나 간성에 들른다.

간성은 내가 군 생활을 했던 곳이자, 그 시절 추억이 담겨 있는 곳이다.

이날도 어김없이 강원도로 가는 동안 나의 군 생활 에피소드를 들으며 지율이는 박장대소했다.

"아빠 군대 이야기를 들으니까 군대가 굉장히 재미있을 것 같아."

"그래?"

"응, 아빠 군대 갈 때 기분이 어땠어?"

"좀 덤덤했었던 것 같아, 그리고 아빠는 군대를 빨리 가고 싶었어."

"왜?"

"그때 아빠가 좀 힘든 시기였거든."

"그래?"

"무언가 혼란스러운 상황이었다고 할까? 아무튼 아빠는 군대에서의 시간이 오히려 아빠 인생에서의 휴식기가 되지 않을까 생각했었지."

"인생에서의 휴식기?"

"응, 앞으로 수십 년을 살 텐데, 자신의 인생에 대해서 진지하게 고민할 수 있는 시간이 과연 얼마나 될까? 우리가 살아가면서 그런 생각을 깊이 있게 할 수 있는 시간적인 여유가 생각보다 별로 없어."

"그런가?"

"그렇지, 그래서 그때 아빠는 군대를 인생에서의 휴식 시간이라고 생각했어."

"그래도 군대 가면 힘들잖아?"

"물론 육체적으로 힘들긴 한데 의외로 정신적으로 편안해지는 경우가 많아. 군대에서는 별다른 걱정이 없으니까."

"음…."

"아빠가 입대할 때는 군 복무 기간이 26개월이었거든? 병장 계급을 달고 전역 4개월을 남기고 나서부터는 밤에 잠을 못 잤어."

"왜? 전역 일이 다가오면 좋지 않아?"

"좋을 줄 알았는데, 앞으로가 슬슬 걱정이 되기 시작하는 거야?"

"무슨 걱정?"

"제대를 하고 나면 다시 사회로 돌아가야 되는데, 과연 나는 앞으로 뭘 먹고 살아가야 하나라는 걱정 때문에 한동안 잠을 이루지 못했지. 아빠는 제대하기 전까지도 사실 별다른 꿈과 목표가 없었기 때문에 더 막막했던 거야. 물론 다니던 대학교에 복학을 하면 되지만, 대학 졸업 이후가 더 걱정되었고 말이야."

"음…."

"늦었지만 그때라도 아빠의 인생을 다시 설계해야 했던 시기였는데, 앞으로 어떻게 살아가야 할지 제대로 생각을 해 본 적이 없으니 그저 답답하기만 했지 뭐. 그래서 아빠는 사실 지율이가 대견해."

"왜?"

"너는 너의 꿈과 목표가 명확하잖아. 아빠는 지율이 나이 때에 확실한 꿈과 목표가 없었으니까 말이야."

"그럼 아빠는 군대에서 인생의 목표와 계획을 설계한 거야?"

"아니."

"왜?"

"찾을 수가 없었어. 대신에 한 가지는 어렴풋이 생각을 한 것 같아."

"그게 뭔데?"

"인생을 사는 데 있어서 내가 무엇이 되는 것보다 더 중요한 것은 인생을 어떻게 살아가야겠다는 것이 더 중요하지 않을까? 그런 생각을 했지."

"그래서 아빠는 지금 아빠가 생각한 대로 인생을 살고 있는 것 같아?"

"음… 비록 돈을 많이 벌지는 못했지만, 일단 제대하고 나서 최대한 많은 경험을 하고, 그 경험을 통해서 내가 잘할 수 있는 것을 찾으려고 노력했고, 적어도 어떤 어려움이 있어도 예전처럼 위축되거나 두려워하지 않고, 자신 있게 밀고 나갔으니 대체적으로 아빠의 생각대로 살아온 것 같은데?"

"음…. 그렇구나."

"아빠가 살아 보니 그래. 지금의 시간을 고통이라고 생각한다면 당연히 그 시간은 더딜 것이고, 모든 것이 의미가 없을 거야. 그러나 그 고통을 인생의 과정이라 생각하고 숙명처럼 받아들인다면 시간의 가속도는 붙을 것이고, 모든 것에 의미를 찾을 수 있을 거야.

아빠가 만약 군대에서 보낸 시간을 헛되고, 불필요한 시간이라고 인식했다면 군대가 인생에서 시간 낭비라고 생각했겠지. 그런데 그렇게 생각하지 않고 그 시간을 자연스럽게 받아들이고, 생각의 기회로 인식했기 때문에 26개월이란 시간이 아빠에게는 인생의 휴식기가 될 수 있었던 거야. 뭐든지 생각하기 나름이야."

아직도 나의 주민등록증 사진에는 군대를 갓 제대한 나의 모습이 그대로 박제되어 있다.

매서운 눈매와 굳게 다물어진 입술은 그 당시, 삶의 독기가 그대로 배어 있다. 소심하고, 의기소침했던 한 청년이 군대를 다녀오면서 삶을 바라보는 태도와 관점이 완전히 바뀌었다.

어쩌면 내 삶의 진중함은 26개월이라는 군대에서의 시간이 만들었을지도 모른다.

몇 년 후면 지율이도 군대에 가야 한다. 군대가 인생에서의 시간 낭비라고 생각할 것이 아니라 스스로 발상의 전환을 한다면 지율이 인생에서 18개월은 가장 중요한 마음의 휴식기가 될 것이다. 지금 생각해 봐도 그 시절처럼 마음이 편했던 적은 없는 것 같다.

누군가에게는 지옥 같은 시간이 또 다른 누군가에게는 의미 있는 깨달음의 시간으로 인식될 수 있다. 짧지 않은 인생을 살아 보니 이제껏 의미 없는 시간은 없었던 것 같다.

15

신은 인간에게 감당할 만큼의 고통을 준다

"소장님은 멘탈이 정말 강하신 것 같아요."

"왜요?"

"소장님도 학교폭력 피해 부모였고 상처의 트라우마가 있는 분인데, 다른 학교폭력 피해 부모들의 이야기를 들어주고 상담을 해 주는 것이 대단하다고 느껴져서요."

"그런가요? 저는 잘 모르겠던데 많은 분들이 그렇게 말씀하시긴 하더라구요."

학교폭력 피해 어머니들과 상담을 하다 보면 의외로 많은 분들이 나에게 멘탈이 강한 것 같다고 이야기를 한다. 상처의 트라우마를 가진 사람이 다른 사람의 상처에 대해서 상담하는 것은 쉬운 일이 아니라면서 말이다.

"지율이가 보기에는 아빠가 멘탈이 강한 것 같아?"

"글쎄, 왜?"

"상담하다 보면 피해 부모들이 아빠한테 멘탈이 강한 것 같다고 이야기를 하더라고? 네가 보기에도 그래 보여?"

"아빠가 멘탈이 강한 편이지."

"글쎄, 아빠는 별로 멘탈이 강한 사람이 아니야, 그냥 상처의 기억을 승화(昇華) 시켰을 뿐이야."

"승화(昇華)?"

"응, 상처의 기억을 트라우마가 아닌 기억의 한 조각으로 남겼을 뿐이야."

"그런데 그게 생각처럼 쉽지 않은 거잖아?"

"그렇지. 생각처럼 쉬운 일은 아니지, 대부분의 사람들은 상처의 기억으로 인해 트라우마로 확대되어 힘들어하는 경우가 더 많지."

"그럼 아빠는 어떻게 승화(昇華)시킨 거야?"

"아빠도 2년 전에 너의 학교폭력을 경험하면서 당시에는 무기력하고, 불안에 떨고 있는 너의 모습을 보면서 죽을 만큼 힘들었어. 아빠도 견디기 힘들 땐 극단적인 생각을 했던 적도 있었고, 그 상황에서 도망가고 싶기도 했어. 하지만 그건 너무 무책임한 생각이잖아. 고작 이 정도의 어려움으로 모든 것을 포기하려고 했던 그 마음이 너무 부끄럽더라. 그러면서 자연스럽게 삶의 독기가 생겨난 것 같아."

"독기?"

"응, 지금의 위기를 이겨 내야겠다는 독기."

"그런데 그 과정이 쉽지 않았잖아?"

"쉽지 않았는데, 과정을 경험할수록 아빠는 자신감이 생기더라고."

"어떤 자신감?"

"아빠가 그 과정을 극복할 수 있다는 자신감, 우리 가족이 다시 행복해질 것이라는 믿음."

"음….."

"결국 아빠는 트라우마를 이겨 낸 거네?"

"이겨 냈지. 2년 전 학교폭력의 위기가 오히려 우리 가정이 좀 더 단단해질 수 있었던 또 다른 계기가 되었으니까."

"그렇긴 하지."

"아빠는 사랑하는 가족과 나 자신에 대한 믿음이 강했던 것뿐이지 멘탈이 강한 게 아니야."

"음….."

"2년 전 너의 학교폭력을 겪으면서 아빠는 다시 한번 느꼈어."

"어떤 것을 느껴?"

"신은 인간이 감당할 만큼의 고통을 준다는 사실을 말이야."

"아!"

"살아가면서 앞으로 너는 숱한 위기에 직면할 거야. 그럴 때마다 아빠가 위기를 극복한 과정을 잘 복기해 봐. 그 과정은 너에게 아주 좋은 지침이 될 거야. 알았지?"

"음…. 알았어."

나는 멘탈이 강한 것이 아니다. 내가 위기를 극복할 수 있었던 이유는 나 자신에 대한 믿음이 강했기 때문이다. 그리고 나를 응원해 주고 지지해 주는 가족이 있어 가능했던 일이다.

외부의 힘에 의한 상처는 모두에게 공평하게 작용된다. 멘탈이 강하다고 해서 그 상처의 크기가 반감되는 것은 아니다.

상처의 회복 속도는 회복 탄력성과 자신감에서 기인한다. 마음의 면역력이 있는 사람들과 스스로 이겨 낼 힘이 있는 사람들에게는 회복하는 시간이 상대적으로 빠르게 느껴질 뿐이다. 상처를 극복한 것은 결국 스스로에 대한 믿음이다.

신은 인간에게 감당할 만큼의 고통을 준다는 사실을 깨닫고 난 이후로 나는 고통을 즐기기로 했다. 신이 내려 준 고통을 내가 이겨 내고 극복한다면, 언젠가 신은 나에게 감당할 수 없을 만큼의 큰 행복을 주지 않을까 하는 기대감으로 말이다.

나는 고통을 맞이할 준비가 되어 있다. 그리고 극복할 힘도 있다. 그 힘은 분명 지율이에게도 전달될 것이다.

나는 학교폭력 피해 부모들에게 학교폭력에서 가장 중요한 것은 학교폭력 처리과정에서 보여지는 부모의 모습이라고 끊임없이 강조하고 있다.

위기를 마주하는 현재 부모의 모습이 추후 자녀들이 앞으로 살아가면서 마주해야 할 위기를 대하는 모습이기 때문이고, 부모가 자신을 위해 하나하나 처리해 나가는 과정을 지켜보면서 자녀의 상처가 치유되기 때문이다.

대부분의 사람들은 오직 자신만이 힘들다고 생각한다.

그러나 한 발자국 떨어져서 보면 지금의 그 힘듦과 고통은 누구나 살아가면서 한 번쯤은 겪는 일들이다. 시기와 정도의 차이가 있을 뿐이다.

두려움은 자신에 대한 불신에서 시작된다.

그리고 지금의 고통은 어쩌면 신이 우리에게 내린 고약한 테스트일 수도 있다.

버티는 것이 아니라 극복하는 것이다. 버티는 것은 지금의 고통을 그대로 마주하는 것이고, 극복하는 것은 지금의 고통을 승화(昇華) 시키는 것이다.

나는 지난 2년간 지율이에게 삶의 위기를 극복 해나가는 모습을 보여주었다.

나의 그 모습은 나중에 지율이가 인생을 살아가면서 위기를 대처하는 지침서가 될 것이다.

그래서 위기를 대하는 부모들의 모습이 중요하다는 것이다.

그 모습이 바로 앞으로 살아갈 자녀들의 삶의 모습이기 때문이다.

16

문제 해결의 첫 단추

"대표님이 실적 보고 양식을 변경하라고 하네?"

"어떻게요?"

"회사의 회원 수는 계속 증가하고 있어서 월 납입금은 기하급수적으로 증가하고 있는데, 아무래도 상조 회사의 특성상 장례 행사가 발생해야 회사의 매출로 인식이 되잖아?"

"그렇죠."

"그래서 회사의 현금 흐름은 좋은데 매출이 적다 보니 현재의 손익계산서상 계속 적자로 표기가 되잖아, 그러니까 그룹에서 계속 말이 나오고 그 문제로 대표님이 좀 난처한 상황인가 봐."

"음…."

"여기 참석한 팀장, 파트장들이 이걸 어떻게 변경해야 좋을지 아이디어를 좀 내줬으면 해."

몇 년 전, 재직했던 회사의 지원팀장이 팀장과 파트장들을 불러 모아 회의 안건에 대해서 이야기했었다. 회의 안건은 현재 그룹 실적 보고 양식을 다른 방식으로 변경해 보자고 하는 것이었다.

1시간여 동안 진행된 회의는 별다른 결론이 나지 않았고 지리멸렬했다. 그 모습을 지켜보다 더 이상 안 될 듯하여 내가 이야기를 꺼냈다.

"보고를 할 때 일반적으로 사용하던 매출, 손익의 용어를 수입과 비용으로 변경하죠?"

"수입과 비용?"

"선불식 장례업의 특성상 실적 보고에서의 핵심은 매출과 손익이 아니라, 월 납입액의 현금 흐름 중심으로 보고해야 합니다. 기존의 매출과 손익 중심으로 보고하게 되면 당연히 대표님이 깨질 수밖에 없겠죠? 일단 매출과 손익 보고는 분기별로 보고하고, 매월 실적 보고는 수입과 비용으로 통합하여 보고하는 것이 나을 듯합니다.

여기에서 수입 항목은 매출과 월 납입액으로 모인 예수금을 합산하여 표기하고, 비용은 판관비용으로 적용하면 전체적으로 보고서상에 현재 회사의 유동성과 가용 현금이 표기가 되니 깔끔하게 정리되지 않을까 싶네요."

"아, 좋은 생각이네!"

"다른 팀장하고 파트장들 의견은 어때?"

"좋은 생각입니다."

"그럼 이렇게 정리하는 걸로 합시다."

그날의 회의 안건으로 이야기한 실적 보고 양식은 그렇게 매출, 손익의 개념이 아니라 수입과 비용의 개념으로 변경되었다.

"어머님, 나무를 보지 말고 숲을 보아야 합니다."

"네?"

"지금 어머님은 아들이 상처를 극복하지 못하는 이유가 발생된 학교폭력 때문이라고 생각하시는 것 같은데, 제가 보기에는 물론 학교폭력도 영향이 있을 수 있겠지만, 그동안 부모의 양육 방식에서 기인되었을 수도 있습니다."

"그럴까요?"

"네, 제가 보기에는 그렇습니다. 문제의 본질을 보셔야 합니다. 단순히 학교폭력의 사안에만 집중할 경우 아들의 상처는 쉽게 극복할 수 없을 겁니다."

"소장님, 그러면 제가 어떻게 해야 할까요?"

"자녀와의 커뮤니케이션 방식이 바뀌어야 하고, 자녀를 대하는 태도 또한 바뀌어야 합니다. 문제의 해결은 그 본질을 인식하면서 의외로 쉽게 해결할 수 있습니다. 학교폭력 사안에만 초점을 맞추지 마시고, 더 폭넓게 보셔야 합니다."

학교폭력 상담을 하다 보면, 대부분의 부모들은 발생된 학교폭력 사안에만 초점을 맞추고 모든 사안을 해결하려고 한다. 그러나 어머님들과 좀 더 깊이 있게 상담을 들어가 보면 학교폭력 사안의 문제뿐만 아니라 자녀와의 커뮤니케이션, 자녀 양육 방식에 의외로 문제가 있다는 것을 파악하게 되었다. 피해 부모들에게 나무를 보지 말고 숲을 보아야 한다고 이야기하는 것은, 발생된 문제를 단순화하여 하나하나 해결해 나가야 하기 때문이다.

"지율아, 어떤 문제에 대해서 고민을 할 때는 그 문제의 본질을 봐야 해."

"문제의 본질?"

"응."

"본질을 보려면 어떻게 해야 되는데?"

"발생된 문제를 단순화 시켜야지."

"어떻게?"

"자, 생각해 보자. 네가 자퇴를 하려는 궁극적인 목적은 원하는 대학을 가기 위해서잖아?"

"그렇지."

"원하는 대학을 가기 위해서는 어떻게 해야 할까?"

"공부를 잘하는 거지."

"그럼 공부를 잘하려면 어떻게 해야 돼?"

"내가 열심히 하는 거지."

"그럼, 현재 자퇴에 대한 고민 해결의 본질은 네가 공부를 열심히 하는 거네? 그렇지?"

"응."

"그럼 공부를 열심히 하려면 어떻게 해야 될까?"

"글쎄, 목표를 세우고 그냥 열심히 하면 되지 않을까?"

"너만의 공부 습관, 루틴을 만들어야지."

"그렇지."

"그럼 네가 공부 습관, 즉 루틴을 만들려면 어떻게 해야 될까?"

"글쎄…."

"현재의 네 일상에서 확보된 물리적인 시간 안에서 계획적으로 공부를 하는 거 아닐까?

"응, 그렇지."

"그런데 그러한 공부 습관, 루틴이 만들어지지 않았는데 단순히 물리적인 시간을 많이 확보했다고 해서 지금 당장 공부를 잘할 수 있을까?"

"…………."

"그러니까 네가 지금 자퇴를 해서 학교에 있는 시간을 온전히 네 공부시간으로 만들 수 있을까?"

"…………."

"아빠가 보기에 지금 핵심은 자퇴를 해서 물리적인 시간을 확보하는 게 우선시되어서는 안 된다고 생각해."

"그럼?"

"그전에 네가 공부하는 습관, 루틴을 먼저 만드는 것이 문제의 핵심이라는 거지. 공부하는 습관과 루틴이 만들어지지 않았는데 어떻게 공부를 잘할 수 있겠어?"

"음……."

"단순히 자퇴 문제에 국한되어 이야기하는 것이 아니라, 앞으로 너도 살아가면서 많은 문제들에 직면하게 될 거야. 그러한 문제를 해결하기 위해서는 단순히 발생된 현상보다 문제의 본질에 집중을 해야 돼. 눈에 보이는 현상에만 집착한다면 문제는 절대 풀 수 없을 거야. 발생된 현상을 단순화하고, 하나둘씩 정리해 나가다 보면 본질에 다가갈 수 있을 거야. 그 본질을 해결하는 것이 가장 핵심이야. 문제가 복잡할수록 단순하게 접근하는 것도 방법이 될 수 있어. 의외로 아주 쉽게 문제를 풀 수도 있다니까."

"음……. 그럴 수도 있겠네."

수없이 마주하는 삶의 문제들을 외워진 수학 공식으로 대입해서 풀 수 있다면 가장 좋겠지만, 삶은 그리 녹록하지 않다.

늘 복잡하고, 머리만 아플 뿐이다.

매번 생소한 문제들을 마주하며 좌절하지만, 막상 답은 내가 생각한 것보다 간단하고 명료했다. 문제가 어렵고 복잡할수록, 단순화하고 도식화할 필요가 있다.

그렇게 하나둘씩 인과관계를 따져 나가다 보면 어느 순간 답에 근접한다.

그래서 삶은 재미있다. 문제가 어려우면 어려울수록 말이다. 결국 합격의 당락은 저득점 객관식 문제가 아닌 고득점 주관식 문제 풀이다.

개념의 원리를 이해하고, 문제의 메커니즘을 파악하는 것이 중요하다. 내가 외운 공식이 적용되지 않는다고 당황해할 것이 아니라, 생전 처음 보는 문제라고 낯설어 할 것이 아니라, 그동안의 지식과 경험을 복기하여 문제를 단순화하고 도식화한다면, 어느 순간 거짓말처럼 답은 보일 것이다.

한때 유행이었던 매직아이처럼 말이다.

17

멈춤이 아니라, 쉼이다

세계 어느 나라와 비교해도 우리나라의 버스 시스템은 타의 추종을 불허한다. 각각의 정류장마다 설치되어 있는 버스 안내 시스템은 IT강국의 저력을 보여 주고 있고, 정류장마다 여름에는 에어컨이, 겨울에는 열선이 깔린 온열 의자가 마련되어 있으니 우리나라처럼 좋은 인프라를 가진 나라는 드물 것이다.

그러한 인프라 외에 눈에 띄는 것 중 하나는 각각의 버스마다 다음 정류장에 하차할 사람들을 위한 '벨'이 부착되어 있다는 것이다. 버스는 당연히 모든 정류장에 정차해야 함에도 불구하고, 각 버스마다 '벨'이 부착되어 있다는 것은 한국인 특유의 습성을 반영한 것이 아닐까 생각해 본다.

지율이는 본격적으로 사춘기를 겪고 있다. 아니 자신의 삶에 대한 정체성을 찾아가고 있다. 그러한 모습을 애써 모른 척하며 묵묵히 바라보고 있는 이유는 살아가면서 당연히 겪어야 하는 과정이기 때문이다. 앞으로 그러한 고민과 방황은 수없이 반복될 것이므로, 지금 시기에 충분히 치열하게 고민해야 한다고 생각한다.

그럼에도 부모의 입장에서 아이를 바라볼 때 안쓰러운 것은 어쩔 수 없다. 그 모습을 바라보며 며칠 동안 고민하다가 지율이에게 카카오톡으로 내 마음을 전했다.

"지율아, 마음이 울적하고 답답할 때는 언제든지 벨을 눌러. 아빠는 항상 기다리고 있을게."
"알았어."
"대신에 벨은 미리 눌러야 되는 것 알지?"
"알았어."

우리 모두는 인생의 목적지를 향하여 각자의 방법으로 가고 있다. 버스를 타고 울퉁불퉁 시골길을 굽이굽이 돌아가며 여러 정류장을 거쳐 가는 사람이 있는 반면에, KTX나 비행기를 타고 가는 사람들도 있다.

각자의 환경이 다르기 때문에 어느 교통수단이 더 좋다고 이야기할 수는 없지만, 목적지에 빨리 도착한다고 해서 좋은 것만은 아니다.

나는 다소 시간이 걸리더라도 되도록이면 버스를 타고 가라고 이야기하고 싶다. 버스를 타고 가는 동안 창밖으로 펼쳐진 풍경들을 감상하고 기억하면, 또 다른 목적지를 향해 갈 때 지나온 과정이 경험으로 남을 수 있기 때문이다.

간혹가다 버스를 타고 갈 때면 잘못 탄 것이 아닐까 하는 불안감이 엄습해 오는 경우들도 있다.

그럴 때에는 과감하게 버스에 부착된 벨을 누르고 다음 정류장에 내려

보는 것도 좋다.

목적지에 빨리 도착하는 것이 중요한 것이 아니라, 내가 생각한 목적지로 정확하게 가고 있는 것인지 확인할 필요가 있기 때문이다.

이렇게 지나온 과정을 복기하고 기억한다면 인생의 또 다른 목적지로 향할 때 도움이 될 것이고, 새롭게 인생의 여정을 떠나는 이들에게 조언을 해 줄 수도 있을 것이다.

벨을 눌러 정류장에 내리는 것은 멈추는 것이 아니라, 지나온 여정을 잠시 확인하는 것뿐이다.

지율이는 이제 막 인생 버스에 올라탔다.

처음 타 보는 버스이다 보니 모든 것들이 낯설고 두려울 것이다.

그런 아이에게 지금 필요한 것은 네가 탄 버스가 원하는 목적지에 도착할 것이라는 확신과 가끔 풍경 좋은 정류장에 내려 주변을 되돌아볼 수 있는 여유로운 마음일 것이다.

어쩌면 버스에 부착된 벨은 억지로라도 정류장에 하차하여 주변의 풍경을 감상하고, 여유로운 마음을 가지라는 의미에서 부착된 것일지도 모른다.

우리 부부가 앞으로 해야 될 일은 지율이가 언제든지 버스에서 벨을 누를 수 있도록 여건을 조성해 주는 것이고, 낯선 정류장에 내렸을 때는 등을 토닥여 주며 잘하고 있다고 격려해 주는 것뿐이다.

지율이에게 버스에 부착된 벨은 '멈춤'이 아니라 '쉼'이어야 한다.

18

지식인의 표상(表象)

조선 시대의 역사적인 인물 중에서 가장 관심이 있고, 살아 있다면 실제로 만나 보고 싶은 사람이 조선 후기 실학자 다산 정약용이다.

그는 개혁 군주라 칭하는 정조 대왕의 신뢰를 받았고 정치, 법의학, 지리학, 언어학, 건축학 등 다양한 분야에서 두각을 나타냈었다.

그러한 천재성은 정조 시대에 빛을 발하는가 싶었는데 안타깝게도 당파 싸움에 희생되어, 수십 년간 유배 생활을 했던 비운의 정치가이자 사상가였다.

보통 권력의 최정점에 있던 이들이 유배를 가게 되면 대부분 화병에 걸려 생을 마감하는데, 정약용은 자신의 유배를 운명으로 받아들이고, 자신의 지식을 이용하여 수십 년 동안 다양한 분야에 저서를 남겼다.

그리고 그는 애민 사상이 깊었던 보기 드문 지식인이었다.

"아빠, 우리 집에 유시민 작가 책 있어?"

밤늦게 학원을 다녀온 지율이가 거실의 책장을 기웃거리며 나에게 물었다.

"어, 유시민 작가 책은 거의 다 있지. 그런데 갑자기 왜?"

"학원 선생님이 유시민 작가에 대해 이야기를 하셔서 한번 읽어 보려고."

"그래 한번 읽어 봐."

"유시민 작가는 어떤 사람이야?"

"아빠에게는 현대사의 선생님이었고, 글쓰기의 선생님이었고, 그 어려운 경제학의 선생님이었고, 또 노무현 대통령과 더불어 좋아하는 정치인이었고, 본받고 싶은 이 시대의 진정한 지식인이지."

"그래? 원래 정치인 아니었어?"

"원래 노무현 대통령과 함께 정치도 했었지. 2000년대에 노무현 대통령이 당선될 때, 개혁국민정당을 창당해서 노무현 대통령을 지원했었어. 아빠도 개혁국민정당 창당할 때 창당 발기인으로도 참여했었어."

"그래? 그런데 왜 지금은 정치를 안 해?"

"정치에 환멸을 느껴서 안 하는 것 같아."

"환멸?"

"정치라는 것이 그렇거든 이상과 현실은 큰 차이가 있어. 대부분의 사람들은 이상적인 정치 실현을 목표로 현실 정치에 뛰어들지만, 현실은 이상과 거리가 멀어. 국회의원이 되는 순간 기득권층에 편입되고, 결국에는 대중을 위한 정치가 아니라 자기 자신을 위한 정치로 변질되는 거야. 아마도 유시민 작가는 노무현 대통령이 서거한 후에 그런 환멸을 느낀 게 아니었나 생각해."

"그래도 많은 사람들에게 인기가 있는데 다시 정치를 해도 좋지 않을까?"

"물론, 아빠가 생각하기에도 유시민 작가는 그 누구보다도 정치를 잘

할 거야. 예전에 문재인 정부 시절에 총리 후보로 언론에 회자될 정도면 이미 검증된 인물이기도 하고, 하지만 아빠는 지금 유시민 작가의 모습이 더 좋아."

"왜?"

"대중이 아무리 원한다고 하더라도 개인의 행복을 누릴 수 있는 권리를 침해하면 안 되잖아. 유시민 작가가 그 누구보다도 정치를 잘할 것이라고 생각하지만, 지금의 유시민 작가는 너무나 여유롭고 편안해 보여. 유시민 작가가 행복을 누릴 수 있는 권리를 존중해 줘야지."

"음…… 그렇구나."

"아빠는 유시민 작가를 보면 옛날 조선시대 정조 대왕 때 활동했던 다산 정약용을 보는 것 같아."

"왜?"

"경제학과를 졸업했지만 역사에 대한 조예도 깊고 정치, 철학, 문화 등 다양한 분야에 대해서 모르는 게 없잖아. 유시민 작가는 아무리 복잡하고 어려운 문제라 하더라도 이해하기 쉽게 설명을 너무나 잘해 주거든? 유시민 작가가 쓴 책을 보면 도대체 이 사람이 알고 있는 지식의 깊이는 어느 정도일까? 하고 책을 볼 때마다 놀란다니까."

"그렇구나."

"지율아, 지식인이 뭘까?"

"글쎄…."

"대부분의 사람들은 지식인이라고 하면 좋은 대학을 나오고, 사회 지도층이라고 생각하는 경우가 많은데, 지식인이라는 것은 단순히 좋은 대학과 좋은 직업을 가진 사람들만을 지칭하는 것이 아니야."

"그럼?"

"대학과 직업 상관없이 끊임없이 책을 읽으면서 공부하는 사람, 불의에 항거하여 저항할 수 있는 사람, 올바른 역사적 식견을 가지고 있는 사람, 공공의 정의를 알고 있는 사람… 아빠는 이런 사람들이 이 시대의 지식인이라고 생각해."

"음….."

"그런 의미에서 유시민 작가는 우리가 살고 있는 시대에 가장 대표적인 지식인이 아닐까?"

"예전에 유시민 작가가 쓴 항소 이유서도 본적이 있는데, 정말 대단하더라고."

"대단하지. 고작 스물여섯 살의 학생이 썼다고 하기에는 믿기지 않을 정도의 명문이었지."

"어떻게 하면 그런 글을 쓸 수 있을까? 책을 많이 읽어야 하나?"

"물론 책을 많이 읽으면 도움이 되겠지만, 무엇보다 중요한 것은 역사적 인식이야."

"역사적 인식?"

"역사는 항상 반복되잖아. 그러한 역사를 바라보는 시각이 편향되지 않고, 균형이 잡혀야 모든 사물과 관점에 형평성을 가질 수 있어. 아마도 유시민 작가가 어린 나이에 그런 명문을 쓸 수 있었던 것은 편향되지 않은 역사적 인식을 바탕으로 가지게 된 자신의 신념 때문이 아닐까 생각해."

"음…. 그럴 수 있겠네."

"시간 될 때마다 유시민 작가 책을 많이 읽어 봐. 아빠에게 현대사, 경제학, 철학, 인문의 선생님이었듯이 너에게도 분명 좋은 선생님이 될 거야."

"그러지 않아도 일단 집에 있는 책부터 읽어 보려고."

"집에 있는 책들을 다 읽고 나면 너도 아마 아빠처럼 유시민 작가에 대해서 생각하게 될 거야."

얼마 전 유튜브 방송에서 침팬지 이론에 대해 적절한 비유를 섞어 가며, 이해하기 쉽게 설명해 주고 있는 유시민 작가를 보면서 우리 시대의 전형적인 지식인이라는 것을 다시금 느꼈다.

생각해 보니 역사책을 읽으며 내가 그토록 만나고 싶었던 조선 후기 다산 정약용이라는 사상가를, 나는 21세기에 유시민 작가를 통하여 만나고 있는지도 모르겠다.

유시민 작가의 책이 내 인생에 좋은 지침서가 되었듯이 지율이에게도 좋은 지침서가 되어, 훌륭한 지식인으로 성장하기 바란다.

19

말하기와 글쓰기가 중요한 이유

생각해 보면 나는 참 깐깐한 직장 상사였다.

팀원들에게 업무적인 것에 최대한 자율권을 부여했음에도 유독 팀원들이 작성한 보고서에는 빨간펜 선생님처럼 첨삭을 꼼꼼하게 했었다.

매번 팀원들이 작성한 보고서를 펼쳐 놓고 논리 대결을 벌였고, 그러한 논리에 제대로 답을 하지 못하거나 논리적인 근거가 명확하지 않으면 보고서를 수용하지 않았다.

논리적인 근거가 명확하지 않다는 의미는 고민을 많이 하지 않았다는 의미이다.

그 당시 나는 모든 보고서를 그렇게 판단했다. 지금 생각해 보면 전형적인 꼰대 상사라고 생각할 수 있겠지만 나 또한 그렇게 트레이닝을 받아 왔고, 변변치 않은 학력으로 유수의 기업에서 패나 핵심적인 역할을 했었던 이유는 논리적 사고를 통한 가치 판단과 논리적 흐름에 적합한 보고서 때문이 아니었을까 생각해 본다.

"지율아, 회사 생활에서 가장 중요한 업무적 능력이 뭔지 알아?"
"뭔데?"

"아빠가 생각하기에 첫 번째는 자신의 생각을 말로 표현할 수 있는 프레젠테이션 능력이고, 두 번째는 자신의 생각을 글로 표현할 수 있는 문서 작성 능력. 이 두 가지 능력인 것 같아."

"그래?"

"응, 이 두 가지 능력만 있으면 어느 조직에 들어가서든 인정을 받을 거야."

"그런데 그건 가장 기본적인 것 아니야?"

"그렇지 가장 기본적인 것이지. 그런데 의외로 요즘 사람들은 자신의 생각을 잘 표현하지 못하는 것 같아."

"왜?"

"일단 자신의 생각을 표현하기 전에 주관이 있어야 하는데 그 주관이 명확하지 않기 때문이고, 설사 주관이 명확하다 하더라도, 자신의 주장을 뒷받침할 만한 논리적인 근거가 부족하기 때문에 말이나 글로 표현하는 것을 부담스러워하는 것 같아."

"그러면 그걸 잘하려면 어떻게 해야 되는데?"

"논리적 사고를 통한 가치 판단, 무엇보다 사물을 바라보는 가치 판단의 기준이 명확해야 하고, 기준이 명확하다는 것은 본인 스스로 논리적인 뒷받침이 되었다는 의미이기도 하고, 그러한 판단을 말과 글로 표현한다는 것은 자신의 생각이 정리되었다는 의미이기도 하거든."

"쉽지 않네?"

"당연히 쉽게 되지는 않지. 무엇보다 중요한 것은 논리적 사고를 통한 가치 판단의 기준이야."

"음…."

"어떤 한 가지 사안에 대해서 판단할 때 자신만의 판단 기준이 있어야 되고, 그 기준을 가지려면 왜곡되거나 편향되지 않게 다양한 시각에서 바라볼 수 있어야 돼. 그래서 자꾸만 사람들이 독서의 중요성을 강조하는 거야. 책을 통해 간접 경험을 하고, 그러한 간접 경험을 통해 네 가치 판단의 기준을 만들어 나갈 수 있게 될 테니까 말이야."

"음…. 책을 많이 읽으라는 거네?"

"물론 그렇긴 한데 너무 어렵게 생각할 필요는 없어. 그냥 네 생각이 맞는지 안 맞는지를 다시 한번 점검하고, 그 생각이 옳다면 논리적 근거를 찾으면 되는 거야. 그러고 나서 표현하면 되는 거고."

"음……."

"단순히 일방적인 주장만으로는 상대방을 절대 설득시킬 수가 없어. 상대방의 입장에서 네 생각을 수용할 수 있는 근거가 있어야 하고, 그러한 근거가 뒷받침이 된다면 반론의 여지가 없어지거든."

"그런데 그 능력이 그렇게 중요한 거야?"

"중요하지. 단순히 회사 생활에서만 중요한 것이 아니라 우리가 살아가면서 꼭 필요한 거야. 대부분의 사람들은 자신들의 생각이 옳다고만 주장할 뿐, 상대방을 설득하고 이해하려는 노력은 별로 하지 않아. 그로 인해 자신의 생각과 다르다는 이유만으로 상대방을 배척하거나, 무시하는 경우들이 많이 생기게 되는 거지."

"음….."

"아빠가 너에게 이야기하는 것은 결국에는 사람들과의 커뮤니케이션에 대해서 이야기하는 거야, 그 커뮤니케이션의 가장 기본적인 것은 말하기와 글쓰기라는 거지."

"음… 어떤 의미인지는 알겠어."

"때로는 그러한 능력이 삶의 환경을 바꾸어 주는 인생의 무기가 되기도 해."

"그래?"

"아빠를 봐. 어느 순간 [이해준학교폭력연구소] 소장이 되어서 피해 부모들과 상담을 하고, 외부 강연도 나가고 거기다가 책을 두 권이나 집필한 작가가 되었잖아."

"그러네, 정말."

말하기와 글쓰기의 능력이 하루아침에 만들어지지 않는 것임에도 불구하고, 지율이에게 강조해서 이야기한 것은 그만큼 삶의 환경을 바꾸는 데 중요한 요소이기 때문이었다.

모든 사람들은 각자만의 경험을 통하여 삶의 지혜를 터득한다.

그러나 그러한 삶의 지혜를 다른 사람들과 공유하지 못한다면 지식으로 활용될 수 없다.

지식은 공유될 때 빛을 발하기 때문이다.

그래서 자기 PR 시대에 말하기와 글쓰기는 자신을 어필하기 위한 가장 기본적인 도구이자, 자신이 축적한 삶의 지혜를 지식으로 확대할 수 있는 중요한 경쟁력이기도 하다.

자신의 생각을 조리 있게 말하고, 자신의 생각을 알기 쉽게 표현하는 것처럼 멋있는 사람은 없다.

내가 좋아하는 유시민처럼 말이다.

20

내가 절대 용서할 수 없는 것

학교폭력 상담 중 사회적 약자나 경제적 취약계층을 대상으로 다수의 가해 학생들이 연루된 학교폭력인 경우에는 내가 할 수 있는 범위 내에서 피해 부모들이 강경하게 대응할 수 있도록 최대한 도와주고 있다.

"지율아, 네 주변에도 일베 같은 아이들이 있어?"

"음… 좀 있지?"

"도대체 그런 애들은 어떤 애들이야?"

"애들한테 패드립하고, 괴롭히고, 일베에서 나오는 용어들을 쓰는 그런 애들이 있어."

"그래?"

"응, 듣고 있으면 짜증 나. 화도 나고, 말도 안 통하는 애들이야."

"아빠는 일베가 사회의 악이라고 생각해. 그들은 사회에 대한 혐오를 사람에 대한 혐오로 확대하고 있고, 더욱이 여성에 대한 혐오는 도를 지나치고 있잖아. 강한 자에게는 약하고, 오직 약한 자에게만 강한 집단이잖아."

"응."

"얼마 전에 발생한 끔찍한 성범죄 사건도 그렇고, 묻지마 강력 범죄도 모두 일베와 관련된 사람들이잖아."

일베의 왜곡된 사회 인식과 사람에 대한 혐오는 대부분 부모들에게 영향받았을 가능성이 높다.

학교폭력이 단순한 오해와 갈등에서 벌어진 사안이라면 화해를 통하여 선도가 가능하겠지만, 전형적인 힘의 우위에서 발생된 것이라면, 적어도 가해 학생은 성장하면서 자신보다 약한 대상에게 자신의 힘을 과시할 가능성이 높다.

즉 그들은 소시오패스가 될 가능성이 높다는 것이다.

개인의 사익을 우선시하는 정의를 사회적 정의라고 포장하는 부모들이 점점 많아지고 있다.

학교폭력 가해 학생임에도 불구하고 오히려 자신의 자녀가 피해 학생이라고 파렴치하게 주장하는 부모들도 있고, 돈과 권력을 이용하여 피해 가족들과 교사들을 끝까지 괴롭히고 조롱하는 부모들도 있다.

시간이 갈수록 점점 비정상적인 사람들이 많아지는 것은 사회적 정의가 붕괴되고 있다는 의미이고, 일베 집단들이 급속도로 팽창한다는 것은 부모들의 그릇된 인식과 왜곡된 역사관이 큰 몫을 차지하고 있는 것은 아닌가 생각한다.

자녀가 공부를 잘하는 것만큼 중요한 것은 올바른 민주시민으로의 성장이다.

결국 자녀들의 가치관은 부모들이 만드는 것이다.

21

목적지의 좌표

며칠 전에는 고등학생들을 대상으로 '롤 모델 찾기' 수업을 진행했었다.

수업을 들어가기 전, 강사들이 모인 자리에서 해당 고등학교의 생활부장 선생님은 다음과 같은 이야기를 했다.

"요즘 아이들이 꿈이 없어요. 그러다 보니 아이들이 많이 무기력합니다. 이번 롤 모델 찾기 수업을 통해서 아이들이 꿈과 삶의 목표를 찾는 기회가 되길 바랍니다."

자신의 에너지를 가장 왕성하게 발산할 시기에 학생들이 무기력하다는 것은 꽤나 심각한 일이다. 더욱이 학생들의 무기력을 알고 있으면서도 그저 바라볼 수밖에 없는 학교와 교사들의 입장도 충분히 이해가 된다.

교육부는 미래 교육을 이야기하고 있지만, 교육의 패러다임은 지난 30여 년 전과 별반 달라지지 않은 것 같아 그저 쓸쓸할 뿐이다.

더 이상 학교에서 자신의 꿈과 목표를 찾을 수 없다는 현실, 선생님들의 말 한마디가 인생의 교훈과 전환점이 될 수 없다는 현실, 어쩌면 지금의 우리 자녀들은 부모세대가 경험한 학창 시절보다 더 척박한 환경에서 공부를 하고 있는지도 모르겠다.

무기력과 불안감이 공존하는 교실, 지금 우리 자녀들이 겪고 있는 교육 현장의 현실이다.

"지율아, 배가 항구에서 출항하기 전에 가장 먼저 해야 되는 것이 무엇일까?"

"글쎄? 운항하는 동안 필요한 식량과 연료를 채우고, 배를 정비해야 하지 않을까?"

"그렇지? 배를 오랜 시간 동안 운항하려면 연료와 식량들이 필요하지, 그런데 그것보다 더 중요한 것이 있어."

"그게 뭔데?"

"배가 가고자 하는 최종 목적지의 좌표를 입력하는 거야."

"음……."

"정확한 목적지의 좌표를 입력하지 않고 배를 운항하면 망망대해에서 길을 잃을 수도 있고, 풍랑에 휩쓸려 좌초될 수도 있잖아? 그런데 배의 목적지를 정확하게 입력하면 다소 늦게 도착한다 하더라도 목적지를 향해 갈 수 있잖아."

"그렇지."

"아빠가 며칠 전에 어느 고등학교에서 '롤 모델 찾기' 교육을 하는데, 아이들이 너무 무기력하더라. 25명의 학생 중에서 20% 정도만 수업에 집중할 뿐 나머지 학생들의 대부분은 자거나, 잡담하거나, 딴짓하거나 그러더라고. 혹시 너희 반도 수업 분위기가 그래?"

"아빠, 요즘 다 그래. 반 아이들이 대부분 수업에 집중하지 않아."

"그걸 보고 참 많은 것들을 생각하게 되더라고, 아빠 때보다는 교육 인프라가 훨씬 더 좋아졌는데 아이들이 왜 그렇게 무기력할까?"

"글쎄."

"아빠가 보기에는 각자의 꿈과 목표가 없기 때문이라고 생각해."

"그건 맞아."

"어느 순간 자신들의 불투명한 미래에 불안감을 느끼게 되고, 삶을 지탱해 주는 동기 부여가 없게 되면 모든 것들을 자포자기하게 되는 것 같아. 결국 본인들의 꿈과 목표가 없다 보니 기계적으로 학교를 다니고, 공부가 노동으로 변질된 것은 아닐까? 참 여러 가지 생각이 들더라고."

"아빠, 요즘 아이들 이야기 들어 보면 가관이야. 교실에서 스포츠토토 하는 아이들도 있고, 오직 돈을 어떻게 벌 것인지에만 관심 있을 뿐, 자신들의 미래에 대해서 심각하게 고민하는 아이들이 별로 없어."

"그런 의미에서 지율이는 삶의 경쟁력이 있는 거지."

"내가? 왜?"

"넌 이미 꿈과 목표가 뚜렷하게 있잖아, 그 자체만으로도 넌 다른 아이들하고 비교했을 때, 충분히 경쟁력이 있는 거지."

"그런가?"

"목표와 꿈이 있다는 것은 네가 어떤 위기를 겪더라도 극복할 수 있는 힘으로 작용할 것이고, 삶의 원동력이 되어 줄 거야."

"응."

"대신에 조금 늦게 출발했다고 걱정하지는 마. 어차피 네 배는 빨리 가는 것이 중요한 것이 아니라, 정확하게 원하는 목적지에 도착하는 것이 중요하니까 말이야."

"음, 알았어."

"지금 네가 당장 해야 될 일은 다소 막연하고, 두루뭉술한 너의 꿈과 목표를 조금씩 구체화해 나가는 거야. 그런 작업들이 하나하나 모여 완료되고 나면, 비로소 망망대해를 향해 출항하는 거지."

"응."

"아빠가 보기에는 앞서 출발한 배들보다 너의 배가 훨씬 더 빨리 도착할 거야."

"왜?"

"목적지의 좌표를 입력하지 않은 배들은 풍랑을 맞으면 좌초할 것이고, 그로 인한 혼란과 두려움으로 항해를 포기할 수도 있고, 그렇게 되면 조류에 떠밀려 전혀 예상하지 못한 미지의 세계에 도달할 수도 있어."

"음…. 그러겠네."

공부를 왜 하냐고 물으면 대부분의 아이들은 대학을 가기 위해서라고 대답한다.

그렇다면 대학을 왜 가냐고 물으면 취직을 하기 위해서라고 이야기한다. 즉, 공부와 대학의 목표가 자신의 자아실현이 아닌 먹고사는 문제에 국한되어 한정 짓는 것이다.

결국, 개인의 목표와 꿈은 오로지 풍요로운 삶을 누리기 위한 경제적 부의 창출로 규정지어 버린다. 그런 의미에서 지율이의 목표와 꿈에 대해서 나는 한시름 놓았다.

적어도 지율이의 목표는 풍요로운 삶을 누리기 위한 경제적 부의 창출이 아니라, 자신의 자아실현이기 때문이다.

지율이는 자신의 배를 출항하기 위해서 이제 막 목적지의 좌표를 입력했다.

이제부터는 오랜 시간 운항할 수 있도록 배의 연료를 채우고, 항해하는 동안 버틸 수 있는 식량을 준비하면 되는 일이다.

다른 아이들에 비하여 다소 출항이 늦었지만 나는 크게 걱정하지 않는다.

연료와 식량은 지율이의 마음 근육으로 충분히 대체할 수 있기 때문이다.

그래서 지율이에게 이야기해 주고 싶었다.

"아직 늦지 않았어. 목적지의 좌표를 입력하는 순간, 너는 다른 아이들보다 앞서가는 거야."

배가 풍랑을 맞아 좌초된다 하더라도 걱정하지 않는다. 배가 향하는 목적지의 좌표가 정확하게 입력되어 있기 때문이다.

22

성공적인 삶의 기준

이제껏 살아오면서 경제적으로 풍요로웠던 적이 한 번도 없었다.

페인트 공사를 하는 아버지의 직업 때문인지 몰라도 우리 집은 늘 계절에 따라 경제 상황이 좌우되었고, 더욱이 아버지의 결벽에 가까운 일에 대한 고집은 늘 경제적으로 어려움을 가져왔다.

내가 결혼하고 나서도 마찬가지였다.

겉으로 보기에는 화이트칼라층이지만 외벌이였고, 나의 월급은 하루 벌어 하루 먹고 사는 일용직 노동자와 처지가 비슷했다.

5년 전 회사를 자의 반 타의 반으로 그만두고 나서 당장의 생계가 걱정되는 것은 당연한 일이었다.

마흔 살이 넘은 나이에 다시금 회사를 들어가는 것은 생각처럼 쉽지 않았고, 결국 전에 다니던 회사의 경력을 살려 운 좋게 후불제 장례 사업을 시작했다. 하지만 잘 될 것 같았던 사업은 예상과는 달리 신통치 않았다.

그렇게 나는 기업을 설립하고, 통과의례처럼 겪는 Death valley(죽음의 계속)를 지나고 있었다.

경제적 어려움은 나 자신에 대한 자괴감과 무력감을 가져왔다. 내 인생이 여기에서 끝날 수도 있겠다는 위기감과 가족을 먹여 살리지 못할 것 같은 두려움이 나 자신을 벼랑 끝으로 내몰았다.

그러던 중에 엎친 데 덮친 격으로 지율이의 학교폭력 사건을 겪었다.

지금에 와서 이야기하지만 나에게는 그 기간이 정말 지옥 같은 시간이었다.

한 가정의 가장으로 500만 원의 학교폭력 변호사 비용이 없어서 상담을 받고 나오던 길거리에서 눈물을 흘렸던 기억, 더 이상 삶을 지탱하지 못하고 모든 것을 포기하고 싶다는 우울감과 자살 충동. 생각해 보면 그 시간을 어떻게 버텨 냈는지 까마득하기만 하다.

하지만 내 인생에서 절대 절명이었던 위기가 이제는 거짓말처럼 기억의 일부분으로 남아 있다.

지율이의 학교폭력은 내 인생을 송두리째 바꾸어 버렸다.

경제적 풍요로움이 삶의 목표이고, 성공의 기준이었던 내가 사회적 성공보다 사회적 역할에 초점을 맞추게 된 것이다.

"아빠는 아빠의 삶이 성공한 삶이라고 생각해?"

"글쎄…. 성공의 기준을 어디에 두느냐에 따라 다르겠지?"

"그런가?"

"그렇지. 만약 성공의 기준을 경제적인 풍요로움에 맞춘다면, 아직까지 아빠는 성공한 삶이라고 이야기할 수 없겠지? 아직까지도 경제적으로 어려우니까 말이야."

"음…."

"그런데 성공의 기준을 다른 기준으로 판단한다면 아빠는 적어도 실패한 삶은 아니지."

"어떤 기준?"

"가족의 행복에 초점을 맞추었다면 아빠는 분명 성공한 삶이지. 비록 우리 집이 경제적으로 어렵다 하더라도, 우리 가족 모두 서로가 서로를 응원하고 사랑하면서 지내고 있잖아, 아빠는 지금 너무 행복하거든? 그렇다면 그것 자체가 성공적인 삶인 거잖아."

"그렇긴 하지."

"또 성공의 기준을 사회적 역할로 초점을 맞춘다고 해도 실패한 삶은 아니지."

"그런가?"

"그렇지. 아빠가 [이해준학교폭력연구소]를 운영하면서, 피해 부모들에게 고맙다는 이야기를 많이 듣고 있잖아. 아빠로 인해서 학교폭력의 상처를 극복하고, 더 행복해졌다는 피해 부모들의 이야기를 들으면 아빠는 정말 뿌듯하거든. 비록 아빠가 돈을 잘 벌지는 못하고 있지만, 조금이나마 사회적 역할을 하고 있다는 생각을 하면 아빠의 삶이 실패한 것은 아니라고 생각해."

"음…. 그러네."

"지율아, 성공의 기준이 중요한 거야. 단순히 경제적인 부에만 집착한다면 너의 모든 관심은 돈벌이에만 집중이 될 거야. 그렇게 돈벌이에만 집중을 하다 보면 자신도 모르게 비도덕적, 반사회적인 일을 할 수도 있고, 가장 중요한 삶의 가치를 등한시하게 될 수도 있어. 왜냐하면 모든 선택의 기준이 돈이기 때문에 그래."

"그럴 수 있지."

"아빠가 살아 보니까 경제적 풍요로움이 성공의 기준이 되어서는 안 될 것 같아."

"그럼?"

"사회적 역할에 더 집중해야 되지 않을까?"

"사회적 역할?"

"호랑이가 죽으면 가죽을 남기듯이, 인간은 죽으면 이름을 남긴다고 했지?"

"응."

"인간 이지율이 앞으로 어떤 가치관을 가지고, 어떻게 인생을 살아가야 할지 생각해 봐야 한다는 의미야."

"무슨 말인지 알겠어."

"예를 들어서, 지율이가 나중에 로스쿨 가고 싶다고 했잖아?"

"응."

"만약 로스쿨을 졸업하고 변호사 활동을 하면서, 너의 능력을 사회적 약자를 위해 쓴다면 그 자체가 사회적 역할을 하는 거잖아."

"그렇지?"

"네가 경찰대학교를 가고, 로스쿨을 가려고 하는 이유가 돈을 많이 벌기 위해서가 아니라, 보다 정의로운 일을 하고 싶어서인 거잖아?"

"그렇지."

"돈을 버는 것도 중요하지만 인간 이지율이 세상을 살아가면서 어떻게 사회에 기여를 하고 살아갈 것인지, 이 사회에서 어떤 존재로 남을 것인지 그걸 한 번 고민해 봐."

"응, 알았어."

성공적인 삶의 기준을 경제적 풍요에만 포커스를 맞추고 살게 되면 의외로 잃는 것이 많을 수도 있다.

돈에 집중하는 순간 모든 과정은 생략하고 결과에만 집착하기 때문이다.

그래서 지율이에게 올바른 성공의 기준을 알려 주고, 삶의 가치가 무엇인지 알려 주는 것이다.

나는 지율이가 많은 돈을 벌기보다, 우리 사회에서 선한 영향력을 바탕으로 사회적 역할을 하며 살아가기를 바란다.

23

삶은 깨달음의 연속

매일 아침마다 학교까지 지율이를 차로 데려다주는 30분 남짓 한 시간은 나에게 참 소중한 시간이었다.

무엇보다 지율이의 그날 컨디션을 알 수 있었고, 짧지만 자연스럽게 대화를 나눌 수 있는 시간이었기 때문이다. 그렇다고 지율이와의 대화 주제를 미리 생각하고 계획하지는 않는다.

늘 그렇듯이 우리들의 대화는 두서없이 시작하다가 의미 있는 주제로 자연스럽게 마무리되곤 했다. 다만 내 입장에서는 대화라고 생각하지만, 지율이의 입장에서는 일방적인 잔소리로 인식되지 않을까 하는 우려는 늘 경계하고 있다.

그나마 내가 지율이와 이렇게 스스럼없이 대화를 할 수 있었던 이유는 그동안의 관계도 좋았지만, 3년 전에 일어났던 학교폭력 사안을 아빠가 직접 처리하는 모습을 보면서 아빠에 대한 신뢰가 더 깊어졌기 때문이다.

"지율아, 아빠가 살아 보니까 말이야, 삶은 깨달음의 연속인 것 같아."
"깨달음?"

"아빠가 예전에 어떤 글을 봤는데, 그 글이 참 재미있더라고."

"어떤 글인데?"

"직장을 다니고 있던 한 남자가 지루한 일상에 회의감을 느끼고, 어느 날 갑자기 깨달음을 얻고 싶어서 산속의 암자를 찾아간 거야."

"그래서?"

"주지 스님에게 암자에 들어와 수행하면서 깨달음을 얻고 싶다고 간곡하게 부탁을 한 거지."

"그래서?"

"그때부터 그 남자는 암자에서 깨달음을 얻으려고 행자 생활을 시작했는데, 암자에서 생활을 하게 되면 밥도 먹고 그래야 하잖아?"

"그렇지."

"깨달음을 얻기 위해서 당연히 참선하며 수행할 줄 알았는데, 막상 그 남자는 새벽에 일어나서 새벽 예불을 하고, 예불이 끝나면 아침, 점심을 준비하고, 오후에는 농사를 짓고, 또 저녁을 준비하고 이런 일상이 계속 반복된 거야. 그러면서 남자가 문득 깨달았지. 지금의 생활이 속세에서의 삶과 별반 다르지 않다는 것을 말이야. 그래서 주지 스님을 찾아갔어."

"주지 스님을 찾아가서 따졌어?"

"맞아. 주지 스님에게 항의를 한 거야. 나는 깨달음을 얻기 위해서 깊은 산속에 들어와 생활을 하고 있는데, 내 생활이 속세에 있을 때와 별반 다르지 않다. 나는 수행을 해서 깨달음을 얻고 싶다고 다시 한번 주지 스님에게 말했어. 그 이야기를 듣고 주지 스님이 뭐라고 했는지 알아?"

"글쎄…. 뭐라고 했는데?"

"우리의 삶 자체가 수행이라고 말했더니, 그 남자는 그제 서야 깊이 깨 닫고 다시 속세로 내려가서 열심히 살았다고 하더라고."

"음."

"아빠가 종교는 없지만 불교 사상에 매력을 느끼는 이유 중에 하나가 끊임없이 수행을 하고, 깨달음을 얻을 수 있도록 도와주기 때문인 것 같아."

"음. 나도 성당을 다니고 있지만, 불교 사상은 참 매력적인 것 같아. 천 주교가 불교랑 비슷한 점이 많아서 그런가?"

"응, 아빠가 보기에 불교는 종교보다 철학에 가깝지 않나 하는 생각도 들어."

"아빠 이야기 들어 보니 그런 것 같기도 하다."

"우리의 모든 일상을 하나의 수행이라고 인식한다면, 모든 일상에 의 미를 부여하고 깨달음을 얻을 수도 있는 거야."

"그렇지."

가끔 산속에 있는 사찰을 가게 되면 마음이 그렇게 평화로울 수가 없 다. 이는 아마도 불교가 내 삶의 철학과 가장 유사하기 때문이 아닐까 생 각해 본다.

모든 인간은 불완전하다.

그러다 보니 신에게 의지할 수밖에 없다.

그러나 의지를 한다고 해서 모든 것들이 해결되지 않는다. 본인 스스 로가 성찰하고 깨달아야 한다. 깨닫지 않는 성찰은 위선이며, 맹목적 의지는 그저 인간의 나약함이다.

지율이는 독실한 가톨릭 신자이지만, 종교가 아닌 철학으로 불교에 관심을 가졌으면 좋겠다.

삶을 살아가는 데 있어서 종교적인 신념도 중요하지만, 그것만큼 스스로의 성찰도 중요하다는 것을 나이를 먹어 가면서 느낀다.

24

담대하고 대범하게

"아빠는 네가 앞으로 살아가면서 크고 작은 실패와 좌절을 많이 경험해 봤으면 해."

"왜?"

"우리 인생은 말이야, 내가 생각하는 것처럼 단 한 번의 도전으로 성공하지 않아. 설사 그 성공을 운 좋게 이룬다 하여도 크고 작은 실패와 좌절은 숙명처럼 마주하게 되어 있어. 그런데 그러한 실패와 좌절을 경험해보지 않은 사람들은 아주 작은 위기에도 스스로 무너지거든? 소위 말하는 성공한 사람들의 대부분은 우리가 알지 못하는 큰 위기를 겪은 사람들이야. 그 사람들이 그러한 위기를 극복했기 때문에 성공을 한 것이고."

"음…."

"그래서 아빠가 너에게 대범해져야 한다고 이야기하는 거야."

"대범해지는 것이 뭔데?"

"인생의 위기를 마주했을 때 사소한 것에 얽매이지 않고 극복할 수 있는 마음, 아빠는 그게 대범함이라고 생각해."

"음…."

"지율아, 아빠가 이제껏 너에게 어느 대학을 가라, 어느 과를 가라 그런 말 한 적이 없잖아?"

"응."

"그건 네가 선택할 문제이기 때문이야. 오롯이 네가 판단할 문제야. 그런데 인생의 위기는 선택의 문제가 아니라 필연적으로 마주해야 하는 것들이거든. 그러한 위기를 마주할 때마다 아빠가 일일이 너에게 해답을 찾아 줄 수는 없잖아. 그 위기는 오로지 네가 마주하고 극복해야 하는 문제니까."

"그렇지."

"아빠가 도와줄 수 있는 것은 한계가 있겠지?"

"응."

"크고 작은 위기와 좌절을 마주할 때마다 마음 근육을 만들기 위한 트레이닝이라고 생각해. 네 마음 근육이 충분히 만들어졌을 때, 마주하는 성공이야 말로 삶에서 가장 의미 있는 것이 아닐까?"

"응, 알았어."

"아빠는 네가 담대하게 생각할 줄 아는 사람, 대범한 사람이 되길 바라."

존재와 객체가 다르고 각자의 삶과 인생이 분명히 구분되어 있는데, 부모가 자녀를 보호한다는 명분으로 자녀의 삶에 일일이 직접적으로 관여해서 사는 것은 바람직하지 않다.

그럼에도 불구하고 내가 지율이에게 대범한 사람이 되었으면 좋겠다고 이야기한 것은, 나의 욕망을 지율이에게 투영시킨 것이 아니라, 인생의 지혜를 알려 주기 위해서였다.

우리네 인생은 42.195km를 뛰는 마라톤처럼 오르막과 내리막을 경험하고, 금방이라도 숨이 멎을 것 같은 수많은 위기를 마주한다.

그럴 때마다 부모는 자녀에게 물을 건네주며 입을 축일 수 있게 해 주고, 스스로 호흡을 조절하며 지금의 페이스를 더 끌어 올릴 수 있는 방법을 알려 주어야 한다.

위기를 마주했을 때는 그 자리에서 주저앉기보다, 스스로 극복해 나가야 하기 때문이다.

어떤 위기가 오더라도 마음의 평정을 유지하며, 냉철해진다면 극복할 수 있다.

그래서 인생은 담대하고, 대범할 필요가 있다.

25

인생은 멘탈 게임

"지율아, 류현진 선수가 미국 메이저리그에서 성공할 수 있었던 비결은 무엇일까?"

"일단 공이 빠르고, 잘 던지잖아."

"그렇지, 그런데 마이너리그에서도 류현진 선수보다 공이 더 빠르고, 잘 던지는 투수들이 많을걸?"

"그런가? 그럼 류현진 선수는 어떻게 성공한 거야?"

"물론 네 말처럼 공을 잘 던지기 때문에 메이저리그에서 성공한 것은 맞는데, 아빠가 보기에는 몇 가지 이유가 더 있어."

"어떤 이유?"

"일단 첫 번째로 류현진 선수는 제구력이 좋아. 자신이 원하는 곳으로 공을 던질 수 있다는 능력은 투수로서 대단한 능력이야. 두 번째는 선택과 집중을 잘할 줄 아는 것 같아. 실점 위기에 있거나, 상대 타자가 강타자일 경우에는 집중해서 전력을 다해 던지더라고. 세 번째는 류현진 선수 특유의 성향과 멘탈인 것 같아."

"멘탈?"

"응, 예전에 류현진 선수가 한화 이글스에서 활동할 때 어떤 위기 상황에서도 표정의 변화가 없더라고. 내야수들의 실책으로 주자가 출루해도 류현진 선수는 오히려 더 여유로운 모습을 보이고, 타자에 집중하는 모습을 보면서 멘탈이 정말 강한 선수구나라고 느꼈거든.

　물론 재능과 노력은 당연한 것이고, 그런 강한 멘탈이 메이저리그에서의 성공 요인이 되지 않았겠나 하는 생각이 들어."

　"음…."

　"보통 고등학교 초특급 선수라고 해서 프로구단에 지명되는 선수들이 의외로 프로 무대에서는 빛을 보지 못하고 소리 소문 없이 사라지는 경우가 많잖아? 그게 왜 그런 줄 알아?"

　"글쎄, 이유가 뭘까?"

　"물론 여러 가지 이유들이 복합적으로 작용해서이기도 하지만, 무엇보다 멘탈의 문제가 아닌가 싶어. 일단 프로구단에 입단하게 되면서 환경 변화에 적응을 하지 못해서 그럴 수도 있고, 수만 명의 관중들 앞에서 경기를 하다 보니 스스로 위축되고 불안해하다가 경기에 집중하지 못해서일 수도 있어."

　"음, 그만큼 멘탈이 중요한 거네."

　"중요하지, 특히 야구는 굉장히 민감한 운동이잖아. 미세한 투구 폼과 타격 폼의 차이에서 성적이 결정 나기도 하고. 그래서 프로야구 코치들이 갓 입단한 선수들에게 기술 훈련만큼 멘탈 훈련에 집중을 하는 거야."

　"그런데 멘탈 훈련을 하는데도 성적이 안 나오는 건 왜 그런 거야?"

　"멘탈은 자기 자신이 만드는 거니까, 개인의 성향과 기질이 가장 중요한 것이거든"

　"그럼 멘탈이 강해지려면 어떻게 해야 되는데?"

"첫 번째, 자신을 믿어야지. 어떠한 실점 위기에 처해도 위기를 극복할 수 있다는 자신에 대한 믿음이 있어야지.

두 번째, 지금의 위기 상황을 긍정적으로 받아들일 수 있는 평정심이 있어야지. 내야수들의 실책으로 출루를 허용했다고 해서 그들을 원망하면 팀워크가 깨지잖아. 그리고 누구든 실수는 할 수 있으니까 그러한 상황을 긍정적으로 받아들이는 마음이 필요하지.

세 번째, 그러한 마음가짐을 가질 수 있도록 본인만의 뼈를 깎는 노력이 필요한 거고."

"음. 그렇구나."

"생각해 보면 우리 인생도 비슷한 것 같아. 공이 빠르고 잘 던지면 거액의 계약금을 받고 명문 프로구단에 입단해서 당장 성공할 것이라고 기대하지만, 실제로 프로 무대에서 성공하는 경우는 극히 드물잖아. 공부 잘해서 서울대학교를 가고, 좋은 직장을 가서 마치 그 사람의 인생이 탄탄대로인 것처럼 보이지만 실제로는 경쟁 환경을 버티지 못하거나, 자신의 적성에 맞지 않거나, 뜻하지 않은 위기를 겪고 나서 정서적으로 무너지는 사람들이 의외로 많거든."

"음……."

"결국 실력은 종이 한 장 차이야. 그러니까 그 차이에 너무 매몰되거나 집착해서는 안 되겠지? 대신에 어떠한 위기가 와도 이겨 낼 수 있는 자신감과 마음의 평정을 갖는다면 그것이 너에게는 부족한 실력을 메울 수 있는 인생의 경쟁력이 될 거야."

"음. 무슨 말인지 알겠어."

며칠 전 키움 히어로즈 이정후 선수가 미국 메이저리그 샌프란시스코 자이언츠와 6년간 1억 1300만 달러에 입단 계약을 맺었다는 기사를 언론을 통해 접했다.

이미 국내 프로야구에서 검증된 활약을 했기에 메이저리그에 진출할 것이라고 예상은 했지만, 생각보다 굉장히 좋은 조건으로 이적하는 것이 그저 놀라울 뿐이다.

메이저리그에서 활동했던 프로야구 선수들은 같은 듯하지만 각자가 다른 멘탈 형성 과정을 겪었다.

류현진 선수는 본인 특유의 여유로움이 그대로 전해진다.

경기 내내 포커페이스를 유지하며 마음의 평정을 갖는 모습을 보면, 자신에 대한 믿음이 얼마나 두터운지를 알 수 있다.

추신수 선수의 멘탈은 절박함이었다.

수년간 미국 마이너리그에서 눈물 젖은 빵을 먹으며, 가족을 위해 성공해야 한다는 절실함이 지금의 멘탈을 만든 것이 아닌가 생각해 본다.

이정후 선수는 긍정적인 마음가짐이다.

고등학교를 갓 졸업하고 프로구단에 입단한 새내기 선수가 수만 명의 관중들 앞에서 위축되지 않고, 자신 있게 자신의 야구를 할 수 있었던 것은 게임을 즐기고자 했던 이정후 선수 특유의 긍정적인 마음가짐이 작용한 것이 아닌가 생각해 본다.

당연히 3명의 선수들은 뼈를 깎는 노력으로 성공을 했다. 하지만 결정적인 위기 상황마다 흔들려서 평정심을 잃어버렸거나, 수만 명의 관중 앞에서 위축되었거나, 매번 경기에 나갈 때마다 자신을 믿지 못하고 두려워했다면, 이들도 프로구단에 적응하지 못하고 비운의 야구 선수가 되어 소리 소문 없이 사라졌을지도 모른다.

성공한 사람들의 인생 스토리를 들을 때, 우리는 성공의 결과에 집중하기보다, 실패와 좌절을 겪었을 때 극복해 나간 과정을 더 중요하게 보고 생각해야 한다.

인생의 성공은 위기를 어떻게 극복하느냐에 따라 결정된다. 그 위기 극복은 결국 각자의 멘탈에서 시작된다.

Ⅲ

아들의 변화

1

아들의 고민

"엄마는 좀 어때?"

"엄마? 요즘은 좀 괜찮은 것 같은데, 왜?"

"아니, 엄마가 많이 걱정하는 것 같아서."

"지율아, 엄마 아빠가 걱정하는 것은 당연한 거야. 그렇다고 엄마 아빠가 자퇴는 절대 안 된다고 무조건 반대하는 것이 아니잖아. 이 문제에 대해서 좀 더 진지하게 고민해 보자는 거지. 엄마도 처음에는 걱정을 많이 했는데 지금은 뭐 괜찮아. 너무 신경 쓰지 않아도 돼."

"알겠어, 아빠."

"그렇다고 엄마 아빠를 위해서 선택하고 결정해서는 안 돼, 엄마 아빠의 인생이 아니라 네 인생이잖아, 충분히 고민한 후에 결정하면 엄마 아빠는 너의 의견을 존중해 줄 거야. 단, 네 결정에 대한 결과는 오롯이 너의 몫이야, 알고 있지?"

"응. 알고 있어."

"너에게 충분히 시간을 줄 테니까 너무 조급해하지 말고 깊이 있게 고민해 봐. 대신에 이미 1학기가 끝나고 있기 때문에 네가 처음에 이야기한 자퇴의 이점 중에 하나는 없어진 거야, 그건 감안했으면 좋겠어."

"알았어."

자가면역질환이 있는 아내는 스트레스에 몹시 취약하다. 잘 지내다가도 스트레스를 받게 되면 여기저기 몸에서 이상 신호를 보낸다.

그 사실을 모를 리 없는 지율이의 입장에서는 많이 부담스러웠을 것이다.

자신의 자퇴 선언으로 엄마를 아프게 한 것은 아닌가 하는 죄책감도 가졌을 것이다.

이러한 요인이 선택과 결정을 하는 데 있어서 영향을 끼칠 수는 있겠지만, 전부가 되어서는 안 된다. 우리 부부의 인생이 아니라 지율이의 인생이기 때문이다. 결정의 시기까지는 함께 고민하겠지만, 결정이 된다면 우리 부부는 지율이의 결정을 지지하고 응원해 줄 것이다.

본격적으로 지율이와 인생 대화를 하면서 조금씩 지율이의 반응이 달라지고 있음을 느꼈다.

처음에는 아빠의 잔소리라고 생각을 했는지 묵묵히 듣고만 있었는데, 시간이 갈수록 자신의 생각을 이야기하기 시작했다. 대화의 주제가 무겁다 보니 늘 진지하게 대화를 했을 것처럼 보이지만, 실제 지율이와의 대화는 진지하다가도 늘 유쾌하게 마무리되곤 했다.

직접적인 표현보다 비유와 은유를 섞어서 표현하다 보니 대화는 그렇게 무겁게 느껴지지 않았다.

몇 번의 인생 대화를 했다고 해서, 지율이가 180도 바뀔 것이라고는 생각하지 않는다.

지율이하고 나눈 대화는 단순히 자퇴를 포기하도록 만들기 위한 대화가 아니라, 내가 앞으로 살아가면서 지율이에게 전해 주고 싶었던 인생의 깨달음들이었다.

다만 현재의 시기와 맞물려져서 이야기했을 뿐, 자퇴 선언이 아니었어도 나는 꾸준히 지율이에게 인생에 대한 깨달음을 이야기했을 것이다.

지율이는 예전과 다르게 모든 사안들에 대해서 신중해졌다.

수학 학원을 선택하는 일도 신중해졌고, 나와 아내에게 이야기를 할 때도 표현의 방식과 논리 자체도 정제된 언어를 사용하고 있다. 평소에도 자존감이 높은 아이였는데, 이번 과정을 통하여 한층 더 성숙해지는 것이 아닌가 생각해 본다.

학교폭력 상담을 할 때 피해 부모들에게 자녀들의 자존감에 대해서 자주 이야기를 하곤 한다.

대부분의 부모들은 자녀의 자존감 향상을 위해 칭찬을 많이 해야 한다고 이야기하지만, 무조건적인 지지와 칭찬은 오히려 사랑 상실 공포나 인정 상실 공포에 빠질 수 있는 오류를 범할 수 있다.

자녀에게 칭찬만큼 중요한 것은 자신을 삶의 주체로 인식하는 것이다.

자신을 삶의 주체로 인식하는 순간 선택과 결정이 신중해질 것이고, 그 신중함은 결국 자신의 주체적인 삶으로 확대될 가능성이 높다.

지율이가 예전보다 더 신중해진 것은 단순히 자퇴의 결정문제가 아니라, 자신의 선택으로 인하여 마주해야 할 결과들을 고민하고 있기 때문이다. 아마도 지율이는 여러 경우의 수를 염두에 두고 있는 듯하다. 자신의 선택으로 인해 예상하지 못한 후폭풍을 맞이할 수 있다는 것을 지율이는 알고 있다.

신중하다는 의미는 자신을 판단의 주체로 인식한다는 의미이기도 하다.

나는 지율이가 더 오랜 시간 동안 신중하고, 치열하게 고민했으면 좋겠다. 그러한 고민은 앞으로 살아가면서 마주해야 할 숱한 문제들을 풀 수 있는 밑거름이 되기 때문이다.

고민도 많이 해 봐야 요령이 생긴다.

2

범상치 않은 학원 원장

    수학 학원을 선택하는 것은 쉬운 일이 아니었다. 아내가 여러 곳을 상담해 봤지만, 앞서 이야기한 것처럼 처음에는 긍정적인 반응을 보이다가도 막상 지율이의 레벨 테스트 결과가 나오면 처음과 다른 반응을 보여 아내와 지율이는 이내 실망을 하고 집으로 돌아오곤 했다.

"지율이 수학 학원 결정했어."

"그래? 다행이네, 거기는 좀 어떤 것 같아? 괜찮은 것 같아?"

"응. 학원 원장님만의 철학도 있고, 다른 학원들하고 좀 달라."

"그래? 어떻게 다른데?"

"다른 학원들은 모두 부정적으로 이야기하는데, 여기 원장님은 지율이에게 할 수 있다는 희망을 주더라고."

"잘됐네, 지율이는 뭐라고 이야기해?"

"지율이도 마음에 든다고 해서 이제 등록하려고."

"여름 방학 전에 다닐 수 있게 돼서 다행이다."

"그러니까 말이야. 그리고 다음 주 토요일에 학원에서 학부모들 대상으로 설명회를 한다는데, 당신도 같이 가서 들어 볼래?"

"내가?"

"응, 학원 원장님이 당신이랑 마인드가 좀 비슷한 것 같아."

"그래?"

"응, 같이 가서 원장님 이야기 한번 들어 보자."

"그래, 알았어."

어렵게 선택한 학원이라서 내심 궁금하던 차에 아내의 제안으로 함께 설명회에 참석했다. 허름한 건물에 겉에서 보기에는 일반 학원처럼 보이지만, 막상 들어가 보면 이곳이 학원인지 북 카페인지 분간이 잘 안되었다.

일반적으로 학원이라 하면 여러 개의 강의실이 있고, 좁은 강의실 안에 빽빽하게 책상과 의자가 비치되어 있는데, 이곳은 일반 학원의 이미지와는 너무나 달랐다.

탁 트인 공간에 사각 벽면의 책장에는 수학과는 거리가 먼 역사, 소설, 만화책, 인문 서적 등 분야를 망라한 수백 권의 책들이 꽂혀 있는 걸 보면서 원장이 예사롭지 않음을 느꼈다.

보통 학원 설명회라 하면 자신들의 교육 커리큘럼을 소개하고, 그러한 교육 커리큘럼을 통하여 수강생들의 성적이 어떻게 향상되었는지를 장황하게 설명하는데, 원장은 그런 천편일률적인 이야기보다 자신만의 교육 철학에 대해 더 많은 시간을 할애해서 이야기했다.

수학은 공식을 대입해서 풀어야 하는 것이 아니라 각자만의 방법론을 이용하여 풀어야 하고, 문제를 풀기 위한 원리를 알아야 한다는 것을 설명했다. 또한 정답을 알려 주는 것이 아니라 개념을 이해하고 문제가 무엇인지를 스스로 찾아갈 수 있도록 도와주겠다는 교육 방식은 학부모 입장에서 봤을 때 충분히 공감이 되는 내용이었다.

더욱이 학원은 개방되어 있고, 수업 시간이 아니더라도 언제든지 학생들이 찾아와 공부를 할 수 있는 환경을 만들어서, 학습 커뮤니티 형태로 운영하겠다는 이야기는 굉장히 신선했다.

거기다가 단순히 수학만 배우는 것이 아니라 학원에 비치된 분야별 책을 읽고, 학생들 간의 토론을 유도하여 사고력을 키우고, 함께 고민하면서 성장해 나갈 수 있는 학원이라는 것이다. 시켜서 하는 아이가 스스로 판단할 리가 없다고 말하는 원장의 이야기를 듣고, 원장만의 교육 철학이 강하게 자리 잡고 있다는 것을 느꼈다.

"저희 학원은요. 스스로 공부를 하고 싶어 하는 학생에게는 천국이 될 것이고, 공부할 의지가 없는 학생에게는 지옥이 될 거예요. 그리고 공부할 의지가 없는 학생들은 제가 내보낼 겁니다."

원장님이 학원을 운영하는 방향성이나 마인드는 설명회를 듣고 안심을 했지만, 자기 주도 학습이 되어 있지 않은 지율이가 과연 이러한 수업 방식을 따라갈 수 있을지 내심 걱정이 되었다. 혹시라도 원장님의 교육 방식에 적응하지 못한다면 지율이가 또다시 막다른 골목으로 내몰리지 않을까 걱정이 태산이었다.

원장님의 말대로 이 학원이 천국이 될지, 지옥이 될지는 오로지 지율이의 몫이다.

학원을 다녀서 성적을 올리는 것도 중요하지만, 나는 지율이가 자신만의 공부 루틴을 만들어서 자기 주도 학습이 완성된다면 그것만으로도 큰 성과라고 생각한다.

부디 지율이에게 이 학원이 천국이 되길 바랄 뿐이다.

3

이상한 수학 학원

지율이가 다니는 수학 학원의 원장이 범상치 않다는 것은 지난 설명회에서 느꼈지만, 실제 학원을 다니면서 지율이의 이야기를 들어 보니 그저 놀라울 뿐이었다.

분명히 지율이는 수학 학원을 다니고 있는데 수학을 포함하여 국어, 영어, 사탐을 학원에서 공부하고 있었다. 물론 원장이 수학 이외의 과목을 가르쳐 주는 것은 아니다. 수강생들이 모여서 공부를 하다 보니 각자만의 공부 방법을 공유하면서 자연스럽게 학습 커뮤니티가 형성된 것 같다.

처음 학원을 등록하고 나서 원장은 지율이에게 아이패드를 지급했다.
아이패드를 지급한 이유는 언제, 어디서든 원장에게 문제 풀이에 대한 피드백을 받기 위함이었다. 학원에 다녀오고 나서도 지율이는 원장과 새벽까지 커뮤니케이션을 하며 문제 풀이에 대한 피드백을 받았다.
수학 학원에서 야외 수업을 한다는 것도 이상했다.
얼마 전에 지율이는 파주 출판 단지에 위치한 지혜의 숲에 가서 수강생들과 함께 토론 수업을 하고 왔다. 조만간 원주에 있는 미술관에도 간 다고 하는 것으로 보아, 원장은 무엇이든 직접 눈으로 보고 경험하는 것이 진짜 공부라고 생각하는 것 같다.

독서 토론의 주제도 수학뿐만 아니라 인문, 과학, 소설 등의 책으로 진행하고 있다.

며칠 전 지율이는 출간된 지 40여 년이 지난 칼 세이건의 《코스모스》라는 책을 읽고 학원에서 토론을 해야 한다며, 아내에게 구입해 달라고 부탁을 했다. (칼 세이건의 《코스모스》는 내가 30여 년 전에 봤던 책인데 말이다.)

원장의 이력을 지율이게 전해 들어 보니 역시 범상치 않은 사람이었다.

이름만 대면 알 만한 스타트업 기업을 공동 창업한 멤버였고, 회사를 기업 공개까지 마친 후, 자신의 교육관을 반영하여 학원을 설립한 것이라고 한다.

학원을 설립했으면 당연히 수강생 모집에 집중을 해야 하는데, 이 학원은 특이하게도 수강생 모집에 별다른 노력을 하지 않는 것 같다.

또한 원장이 설명회 때 말한 것처럼 스스로 공부할 의지가 없는 학생들은 실제로 환불을 해 주면서 내보내고 있다고 한다. 그 이유를 아내에게 들어 보니 공부를 하려고 하는 학생들에게 방해가 되기도 하지만, 하기 싫으면 안 하는 것이 옳다고 생각하는 원장의 신념 때문이라고 한다.

이 학원은 공부를 못해도 못 버티고, 공부를 안 해도 못 버티지만, 스스로 탐구하며 성장하고 싶은 학생들만 버틸 수 있는 학원이다.

얼핏 보면 가장 이상적인 학원인 것처럼 보일 수도 있겠지만, 아이러니하게도 학원 원장은 지속적으로 공부 의지가 없는 학생들을 내보내고 있다.

또한 무엇보다 경쟁을 통한 승리나 패배감보다 지식이 성장하고, 지식을 습득하는 방법이 형성되어 가는 기쁨을 아이들에게 알려 주고 싶어 한다.

손해를 감수하며 아이들을 내보내고 있는 학원의 운영 방식을 다소 이해할 수는 없지만, 분명한 것은 원장이 이 학원을 통해 자신만의 교육 철학을 실현해 나가고 있다는 것이다.

우리는 인생을 살아가면서 여러 조력자를 만난다.

물론 전체적인 삶의 방향성과 태도 등 개인의 가치관은 전반적으로 부모에게 영향을 받아 형성되지만, 각각의 세부적인 삶의 지혜는 다른 조력자에게 조언을 받기도 한다.

프로야구 감독이 모든 선수들을 성장시킬 수는 없다. 감독은 팀 운영에 대한 방향성을 제시할 뿐, 각 분야별 코치들이 선수들을 훈련시키고 좋은 성적을 낼 수 있도록 성장을 도울 뿐이다.

지율이의 가치관은 일정 부분 우리 부부의 영향이 반영될 것이다.

그러나 그러한 삶의 가치관이 흔들리지 않도록 잡아 주고, 지속적으로 동기 부여를 해 줄 또 다른 누군가가 필요하다. 지금 지율이에게 필요한 또 다른 조력자는 학원 원장이다.

4

담임선생님과의 면담

"지율이 담임선생님하고 상담을 좀 해야 될 것 같아."

"상담?"

"응, 정말 지율이 말대로 친구들하고는 별다른 문제가 없는지, 학교생활은 어떤지, 전반적으로 담임선생님에게 이야기를 들어 볼 필요가 있을 것 같은데?"

"그래, 그럼 내가 선생님께 면담요청 해 놓을게."

"응."

담임선생님과의 상담을 통해서 지율이의 학교생활을 진작 확인했어야 했는데 그러지 못했다.

2학기가 시작되자마자 아내에게 이야기를 했었고, 그다음 주에 담임선생님을 만나러 학교에 방문했다.

상담실로 안내를 받고 아내와 함께 담임선생님을 기다렸다.

십 분 후, 두꺼운 파일 철을 가지고 들어온 담임선생님은 우리 부부 앞에 문서를 펼치면서 지율이 성적에 대해서 이야기를 꺼내려고 하셨다.

"저, 선생님 저희는 지율이 성적 때문에 찾아뵌 것이 아닙니다."

"네?"

"지율이가 공부를 잘하고 못하고가 궁금한 것이 아니라 학교생활이 궁금해서 찾아뵀었습니다. 성적은 지율이도 알고 있을 테니 알아서 잘할 겁니다.

진로에 대해서도 스스로 충분히 고민하고 있습니다. 본인의 인생이니 더 신중하게 판단하고 결정할 겁니다."

"아, 네에. 보통 부모님들이 방문하시면 제일 먼저 성적을 물어보셔서 제가 미리 준비를 했었습니다. 그럼 아버님, 어머님은 무슨 일 때문에 상담을 요청하신 건가요?"

"다름이 아니라 지율이가 혹시나 학교생활 하면서 문제가 있는 것은 아닌지, 친구들하고는 잘 지내는지 그 부분에 대해서 여쭤보려고요."

"아, 아버님 지율이는 학교에서 너무 잘 지내고 있습니다."

"잘 지내고 있다고요?"

"네, 지난 1학기에 학급 회장도 하고, 학급 회장 하면서 아이들한테도 지지를 많이 받았고요. 책임감과 희생정신도 강한 아이에요."

"그런가요?"

"이번 2학기 들어서는 반에서 시건장치를 담당하는데요. 얼마나 꼼꼼하게 점검하는지 제가 다 놀랄 정도입니다."

"네에."

"그런데 혹시 지율이에게 무슨 일이 있나요?"

"다름이 아니라 지율이가 지난 1학기 때 갑자기 자퇴를 하고 싶다고 이야기를 했습니다. 그래서 혹시나 선생님도 그 사실을 알고 계신지, 그

것을 좀 여쭤보려고요."

"자퇴요? 저는 처음 듣는 이야기입니다. 학교생활을 너무 잘하고 있었는데요? 다른 교과목 선생님들도 지율이에 대해서 칭찬을 많이 하셨고요. 지율이가 자퇴하고 싶다고 이야기했을 줄은 전혀 몰랐습니다."

"음… 혹시 반 아이들하고 갈등이 있거나 그러지는 않았나요?"

"네, 없었습니다."

"혹시 선생님, 학교에서 자퇴하는 학생들이 많이 있나요?"

"음, 예전보다는 많은 것 같아요. 자퇴하는 아이들이 반에서 한두 명은 있으니까요."

"그렇군요. 선생님! 그럼 혹시 자퇴 숙려제를 쓸 수가 있나요?"

"음. 일반적으로 사용할 수는 있지만, 현재 저희 학교에서는 절차가 좀 까다롭습니다. 더욱이 교장 선생님께서 자퇴에 대해 다소 부정적이라서요."

"음, 그렇군요. 선생님 그럼 부탁 한 가지 드려도 될까요?"

"네, 아버님. 말씀하세요."

"지율이가 지금까지도 자퇴에 대해서 고민 중입니다. 선생님께서 바쁘시겠지만 가끔씩 지율이에게 격려의 말씀을 부탁드립니다. 선생님의 말 한마디가 지율이에게는 새로운 동기 부여가 될 겁니다."

"네, 알겠습니다. 아버님."

아무리 교권이 붕괴되었다고 해도, 선생님이라는 존재는 여전히 우리 아이들에게 영향력이 있는 존재다. 2년 전 지율이의 학교폭력이 발생되었을 때, 담당했던 학생부장 선생님에게 간곡히 부탁을 했었다.

학생부장 선생님이 지율이의 인생에서 영향력 있는 존재로 남았으면 좋겠다고 말이다. 다행히 그 후 학생부장 선생님은 지율이를 대하는 태도가 바뀌었다.

학교폭력 상담을 하면서 피해 부모들의 대부분은 학교와 선생님들에 대해서 강한 불신을 나타낸다. 그럴 때마다 피해 부모의 입장에서 충분히 이해는 하지만, 되도록이면 불신보다는 신뢰를 해야 한다고 조심스럽게 이야기를 한다.

물론 자질이 부족한 선생님들도 일부 있긴 있지만, 교사라는 소명의식을 가진 선생님들도 의외로 많이 있기 때문이다.

지율이의 학교생활에 대해서 담임선생님의 이야기를 듣고자 만났지만 별다른 소득은 없었다.

차라리 지율이가 학교생활에 부적응을 했다면 지율이의 자퇴 선언을 충분히 이해할 수도 있었을 텐데 오히려 잘 지내고 있다는 담임선생님의 말이 나와 아내를 더 혼란스럽게 했다.

자퇴 선언을 환경적인 요인으로 봐야 하는지, 단순히 개인의 감정적인 요인으로 봐야 하는지 또다시 혼란이 왔다.

지율이가 지난 1학기 동안 자신의 감정 표현을 최대한 자제하고, 포커페이스를 유지하며 지냈다는 것이 더 놀라울 뿐이었다.

도대체 지율이의 갈등은 어디에서부터 시작되었을까?

난 그 시작점이 궁금했다.

5

완성되어 가는 루틴

여름 방학부터 본격적으로 수학 학원을 다니게 된 지율이는 우려와 달리 잘 적응해 나갔다.

오전 10시에 학원에 가면 보통 밤 11시가 다 되어서 집으로 돌아왔고, 학원에 가기 싫다고 이야기를 한 적이 한 번도 없었다.

"하루 10시간이 넘는 시간 동안 도대체 학원에서 뭐해? 공부해?"

"공부도 하고, 책도 보고, 형, 누나들이랑 토론도 하고 그래."

"형, 누나?"

"응, 같이 공부하는 2학년 형하고 누나가 있거든."

"음. 힘들지는 않아?"

"힘들게 뭐가 있어? 그냥 하는 거지. 그리고 에어컨도 빵빵하게 나오니까 집보다 더 시원하고, 오히려 학원이 더 편해."

"그래? 우리 아들이 하루 종일 학원에만 있는 것 같아서 궁금해서 물어본 거야. 그럼 수업 없는 날에는 무슨 공부 해?"

"월, 수, 금요일은 수학 공부하고, 그 외에는 국어랑 영어 공부해."

"음. 그렇구나!"

방학 동안 학원에서 대부분의 시간을 보낸 지율이는 놀랍게도 학원을 한 번도 빼먹은 적이 없었다. 개학을 하고 나서도 지율이의 일상은 비슷했다.

오후 4~5시 사이에 학교가 끝나면 곧장 학원으로 가서 밤 11시가 다 되어서야 집으로 귀가를 했고, 귀가하고 나서도 원장에게 학습 피드백을 받느라 새벽 한두 시가 되어서야 잠을 청하곤 했다.

이제껏 공부를 제대로 해 본 적이 없는 아이가 타이트한 공부 스케줄을 따라가는 것이 쉽지 않을 것이라고 생각했는데, 지율이는 걱정과는 달리 학원 원장의 스케줄을 묵묵히 따라가고 있었다.

수학 학원을 다닌다고 해서 성적이 눈에 띄게 향상될 것이라고는 생각하지 않았다.

나는 그저 지율이가 자신의 학습 능력을 보다 객관적으로 인식하기를 바랐고, 공부라는 것을 차근차근 해 보면서 자신만의 루틴을 만들어 나가기를 바랐을 뿐이다.

다행히도 지율이는 수학 학원에 다니는 것을 너무 좋아한다. 예전 같았으면 저녁 내내 자신의 방에서 유튜브를 보고 천진난만하게 웃으며 시간을 보내고 있었을 텐데, 학원 스케줄이 빡빡하다 보니 유튜브를 시청하는 시간이 현저히 줄어들었고, 온라인 게임도 토요일 밤에 친구들이랑 한두 시간 정도 할 뿐이었다.

지율이가 학원 스케줄에 아무런 불만 없이 다니게 된 이유는 무엇보다 단순히 말로만 공부를 열심히 하라고 한 것이 아니라, 각각의 세부 목표들에 대한 과제들을 부여하고, 그 과제에 집중할 수 있도록 학원 원장이 끊임없이 동기 부여를 했기 때문인 것 같다.

더욱이 학원에 함께 다니고 있는 2학년 선배들이 공부하는 모습을 보고, 자극을 받아서 본인 스스로 공부를 열심히 하고 있는 것이 아닌가 생각해 본다.

아내와 내 입장에서는 수학 학원 원장을 만난 것은 신의 한 수였다.

그리고 지율이 스스로 자신만의 공부 루틴을 만들어 가고 있다는 것이 우리 부부 입장에서는 가장 큰 수확이었다.

불과 몇 달 전까지만 해도 지율이는 많이 조급했다.

고등학교를 빨리 졸업하고 자신이 원하는 대학에 가고 싶다는 욕심만 있었을 뿐, 자기 주도 학습이 되어 있지 않아서 공부를 제대로 해 보지 못했다. 그런데 학원을 다니면서부터 그러한 조급함이 조금은 여유로움으로 변한 듯하다.

지율이 스스로도 지금의 상태를 계속해서 유지해 나간다면 자신의 목표를 충분히 이룰 수 있을 거라는 자신감을 얻게 된 것 같다. 그리고 자신에게 강력한 조력자가 생겼다는 것을 인지하고부터는 일희일비하지 않고 자신만의 공부 루틴을 차근차근 만들어 가고 있다.

수학 학원 원장은 여전히 스스로 공부할 의지가 없는 학생들을 내보내고 있다. 원장이 지속적으로 학생들을 내보낸다고 할 때마다, 아내는 학원이 경제적인 이유로 문을 닫게 되면 어쩌나 내심 걱정을 하고 있다. 학원 문을 닫으면 닫았지 경제적으로 어려워지더라도 원장의 교육 철학은 절대 바뀌지 않을 것 같다. 반면 원장이 말한 대로 이 이상한 수학 학원은 지율이에게 천국이 되어 가고 있었다.

⑥

설레는 미래

앞서도 언급했지만 재능기부 형태로 가끔 중, 고등학교를 방문하여 직업교육을 할 때마다 매번 느끼는 것은 학생들의 무기력이다.

한참 자신의 꿈을 상상하고, 즐거워해야 할 나이임에도 학생들의 대부분은 병든 닭처럼 무기력할 뿐이었다.

부모들에게 자녀의 꿈과 목표를 공유해야 한다고 지속적으로 강조하고 있지만, 현실에서의 꿈과 목표는 어느 대학과 어느 직업을 선택하는 것으로 국한되어 버린 지 오래였다.

자녀들이 무기력한 것은 온전히 부모들의 책임이다.

부모들이 자녀에게 자신의 인생을 고민할 수 있는 기회를 주지 않았다는 의미이며, 자녀의 선택과 결정을 존중하지 않았다는 의미이기 때문이다.

"아빠, 경영학과는 어때?"

"경영학과도 공부해 볼 만하지? 한 번쯤 자기 사업을 해 보는 것도 좋아."

"그럼, 경제학과는 어때?"

"경제학과도 좋지, 경제학은 통계학이랑 비슷해서 아마 공부를 하면 할수록 더 재미있을걸?"

"아빠, 사학과는 어때?"

"완전 좋지, 아빠가 예전에 사학과 가고 싶었어. 역사는 반복되잖아. 역사를 알아야 미래를 예측할 수 있어, 아빠는 사학과 완전 추천."

"요즘은 철학과도 가고 싶더라고."

"철학과?"

"응, 요즘 고전 철학에 대한 책을 읽고 있는데 너무 대단한 것 같아."

"맞아, 완전 좋지. 아빠 친구 중에도 철학과를 졸업한 친구가 있거든? 인간의 내면에 대한 탐구를 해 보는 것도 멋있잖아, 공부할수록 빠져드는 학문이야."

"그럼 국문과는?"

"국문과도 좋지, 글을 잘 쓰는 것은 축복받은 재주야, 아빠는 예전에 문예창작과도 가고 싶었어."

"그런데 아빠는 왜 다 좋다고만 이야기해?"

"아빠는 네가 무엇을 선택하든 응원하고 지지하니까."

"그런데 경영학과, 경제학과, 철학과, 사학과, 국문학과는 다 취직하기 어렵지 않아?"

"지율아, 대학은 취업을 위해서 가는 곳이 아니고, 더 깊이 있는 공부를 하기 위해서 가는 곳이야. 네가 하고 싶은 공부를 선택해야지. 아빠는 네가 취업을 염두에 두고 학과를 선택하지 않았으면 좋겠어."

"음…. 빨리 어른이 되고 싶어."

"왜?"

"하고 싶은 것들이 너무 많아."

"그래, 자신의 미래에 대해서 설레는 것은 좋은 거야."

경찰행정학과에 가서 로스쿨을 진학하고 싶다던 지율이가 갑자기 다른 학과들에 대해서 물었다. 전혀 예상하지 못한 경영학과, 경제학과, 철학과, 국문과 등에 대해 물어보는 걸로 봐서는 아마도 관련된 책들을 읽었기 때문이 아닐까 생각해 본다.

지율이가 최근 들어 눈에 띄게 달라진 것 중에 하나는 표정의 변화다.

예전 같았으면 학교에 가기 싫다고 아침마다 인상을 쓰며 아내와 나를 긴장 시켰을 텐데, 요즘에는 그런 모습을 거의 보이지 않는다.

더욱이 늦게까지 학원에 다니는 모습을 안쓰러워할 때마다 지율이는 아무렇지 않은 듯이 괜찮다고 대답할 뿐이었다.

그리고 이미 1학기가 지났기 때문에 자퇴의 효용 가치가 떨어졌다고 생각했는지는 모르겠지만, 수학 학원을 다니고 나서부터 자퇴에 대한 이야기도 더 이상 꺼내지 않았다.

물론 그렇다고 완벽하게 자퇴 여부가 결정이 된 것은 아니다.

요즘은 자신의 미래에 대해서 지속적으로 이야기를 하고 있다. 자신의 삶에 목표와 가치를 어디에 둘 것인지 혹은 10년 후의 목표를 아주 구체적으로 이야기하기도 했다.

분명한 것은 예전보다 훨씬 더 신중하게 자신의 삶을 고민하고 있다는 것이고, 공부에 대한 자신만의 루틴이 조금씩 만들어지면서 스스로 자신감을 갖게 되었다는 것이다. 무엇보다 긍정적인 것은 자신의 미래에 대해서 설레고 있다는 것이다.

자신의 미래에 대해 설레고 있다는 것은 목표가 명확하다는 의미이며, 목표를 이루기 위한 절실함과 열정이 내재되어 있다는 의미이기도 하다.

나는 지율이가 모든 경우의 수를 열어 놓고 자신의 미래에 대해서 많은 것들을 다양하게 생각해 봤으면 좋겠다. 물론 우리의 인생사가 내 마음먹은 대로 되는 것은 아니지만 그래도 상상하고 공상하는 것은 개인의 특권이며, 그러한 상상과 공상을 통하여 잠시라도 자신의 미래에 대해서 설렐 수만 있다면 현재의 삶에 조금이나마 윤활유가 되어 줄 것이다.

지율이가 다가올 자신의 미래에 대해서 더 벅차고, 더 설레길 바란다.

7

갈등의 끝, 12월 31일

매년 12월 31일이 되면 가족끼리 조촐하게 송년회를 한다.

송년회에서는 각자가 올 한 해를 뒤돌아보며 잘한 것과 아쉬운 것, 그리고 내년의 계획에 대해서 간략하게 이야기를 나눈다.

이제 초등학교를 졸업하는 제인이를 필두로 아내와 내가 한마디씩 하고 나서 마지막으로 지율이가 이야기를 했다.

"음. 올 한 해는 나한테 정말 의미 있는 한 해이었던 것 같아. 내가 목표를 이루기 위해서 본격적으로 공부를 시작했던 해이기도 하고 말이야."

"그래. 네가 그렇게 하루도 빠짐없이 학원에 다니면서 열심히 공부하는 모습을 보고 정말 놀랐어. 기특하고 대견하다. 우리 아들!"

"아빠도 마찬가지야, 지율아."

"그래서, 내가 엄마 아빠한테 깜짝 선언을 하려고."

"응, 이야기해 봐."

"엄마, 아빠 나 자퇴 안 할 거야. 학교 계속 다닐 거고 더 열심히 공부할게."

"그래, 잘 생각했어. 지율아."

"그런데 자퇴를 왜 하려고 했던 거야?"

"그때는 자퇴가 최선의 방법이라고 생각했어. 그리고 그냥 바람이지 모."

"바람?"

"응, 그냥 스쳐 지나가는 바람."

지율이의 자퇴 포기 선언을 듣고, 아내는 그동안 참아 왔던 눈물을 흘렸다.

아마도 지난 7개월간의 시간은 아내에게 말 못 할 스트레스였을 것이다. 사실 나는 시간이 지날수록 지율이가 자퇴를 포기할 것이라고 예상을 했었지만, 막상 지율이의 입을 통해서 직접 이야기를 듣고 나니 속이 다 후련했다.

지율이의 자퇴 해프닝은 우리 가족에게 많은 것을 남겼다.

지율이에게는 공부에 대한 자신만의 루틴을 만들 수 있는 계기가 되었고, 자신의 인생을 보다 깊이 있게 고민할 수 있었던 시간이었다.

나도 마찬가지다. 예전처럼 무작정 지율이를 설득하려고 하지 않았고, 지율이의 입장에서 이해해 보려고 노력했다.

그리고 무엇보다 내가 이제껏 살아오면서 경험했던 삶의 깨달음을 지율이에게 가감 없이 이야기할 수 있었던 계기가 되었기 때문에, 나와 지율이에게는 무엇보다 소중한 시간이었다.

그렇게 치열하게 고민하고 방황했던, 지율이의 고등학교 1학년은 삶의 긍정적인 방향성을 제시하며 해피엔딩으로 끝났다.

IV

전설이 되어 가는 아들

1

Go For It

"지율아, 새해도 됐는데 아빠랑 정동진에 일출 보러 갈래?"

"우리 가족 모두?"

"아니, 아빠랑 지율이랑 단둘이."

"좋지."

자퇴 포기 선언 이후 바람도 쐴 겸해서 지율이에게 깜짝 제안을 했다.

아내에게 지율이와 단둘이 다녀오겠다고 이야기를 하고 나서, 다음 날 새벽에 차를 몰고 정동진으로 향했다.

"아빠, 내가 자퇴하고 싶다고 이야기했을 때 아빠가 무조건 안 된다고 이야기했다면, 나는 계속 자퇴하겠다고 고집을 부렸을 거야."

"그래?"

"응, 엄마 아빠는 내가 자퇴하고 싶다는 이야기를 듣고도, 안 된다고 화를 내거나 나를 설득하려고 하지 않았잖아. 처음에는 왜 빨리 가타부타 결정을 내려 주지 않을까 답답하고 짜증이 나기도 했었는데, 지나고 나니까 나한테 생각할 시간을 충분히 가질 수 있게 해 준 엄마 아빠의 그 방법이 오히려 더 좋았던 것 같아."

"그래, 엄마 아빠는 네가 좀 더 심사숙고해서 결정하길 바랐어, 성급하게 결정할 사안은 아니었잖아."

"알아."

"그런데 정말 자퇴를 포기한 이유가 뭐야?"

"그냥 그때는 자퇴가 내가 할 수 있는 최선의 방법이라고 생각했어. 학교 다니는 시간이 불필요하고 의미 없다는 생각도 컸고, 학교 갈 시간에 차라리 혼자서 공부하면 더 잘할 수 있지 않을까 하는 막연한 기대감도 있었어. 그런데 막상 자퇴를 하려고 하니까 겁도 났었고, 아빠 말처럼 공부에 대한 나만의 루틴이 없다는 것도 큰 걸림돌이 된 것 같아."

"그럼 자퇴를 포기하겠다는 생각은 언제 한 거야?"

"2학기 시작되고 10월쯤? 처음에는 아빠가 이야기했던 것들이 별로 가슴에 와닿진 않았었는데, 학원 원장님하고 이야기하면서 아빠의 이야기들이 계속 생각이 나더라고. 그러면서 조금씩 생각이 바뀐 거야."

"음…. 그렇구나. 아빠는 작년의 그 시간들이 오히려 너에게 정말 의미 있던 시간이었던 것 같아."

"응, 내가 생각해도 그런 것 같아."

"그래, 사람은 말이야 그렇게 예기치 못한 아픔과 고통을 겪으면서 조금씩 성장해 나가는 거야."

"그런가?"

"그럼."

이른 새벽에 출발해서 잠을 잘 줄 알았는데, 지율이는 정동진을 향해

가는 내내 그동안 못다 한 이야기들을 하나둘씩 꺼내기 시작했다.

자퇴 선언 이후 자신이 느꼈던 감정, 학원을 다니고 공부를 하면서 느낀 점, 앞으로 자신의 꿈과 목표에 대해 좀 더 구체적으로 이야기를 해 주었다.

늘 그렇듯이 우리들의 대화는 항상 진지함과 유쾌함이 함께 공존했다. 때론 심각하다가도 또 언제 그랬냐는 듯이 서로를 바라보며 깔깔거리며 웃기도 했다.

해 뜨기 20분 전에 도착한 정동진에는 생각보다 사람들이 많지 않았다.

개인적으로 나는 강원도 바닷가에서 군 생활을 했기 때문에 일출을 보더라도 별다른 감흥이 없었는데, 지율이는 사뭇 진지한 모습이었다.

일출이 시작되자마자 눈을 감고 중얼거리는 모습이 낯설기도 하면서 비장함까지 느껴졌다.

"무슨 소원을 빌었어?"

"그냥."

"공부 열심히 하게 해 달라고?"

"아니."

"그럼?"

"일단 우리 가족 모두 건강하게 해 달라고 했지. 그리고 아빠 사업 잘되게 해 달라고, 마지막으로 내가 공부 열심히 할 수 있게 도와달라고 했지 뭐."

"그래, 아빠도 이렇게 새해에 일출 보러 온 것은 처음인 것 같아. 일출 보니까 어땠어?"

"TV로만 보다가 이렇게 직접 와서 보니까 새롭고 좋네."

"그러면 우리 내년에도 또 올까?"

"나야 좋지."

생각해 보면 늘 중요한 순간에 지율이와 단둘이 여행을 갔었다.

3년 전 지율이의 학교폭력이 발생되었을 때도, 강원도 양양의 어느 전망 좋은 카페에서 지율이와 시간을 보냈던 적이 있다.

연말이 되면 사람들은 새로운 각오로 신년을 맞이한다.

앞으로 내가 할 일은 지율이의 새로운 각오가 흔들리지 않도록 옆에서 지켜봐 주고 격려해 주는 것이다.

설사 지율이의 각오가 작심삼일이 될지라도 끊임없이 새롭게 다질 수 있는 계기를 만들어 준다면, 작심삼일이 작심 삼백일이 될 것이다.

목표를 정한 이상 이제는 직진뿐이다.

2

공부의 맛

고등학교 2학년이 되고 나서부터 아침마다 지율이를 학교에 데려다주고 있다.

가끔은 나도 귀찮을 때가 있지만 이왕 해 주는 거 최대한 기분 좋게 해 주려고 노력하고 있다.

지율이의 공부 루틴은 개학을 하면서 조금씩 바뀌었다.

여전히 학원을 다니고 있지만 학원이 끝나고 나면 집 앞 스터디 카페에서 공부를 하고, 새벽 1시가 다 되어서야 집으로 돌아온다.

아침에 깨우는 것이 여전히 쉽지 않지만, 비몽사몽으로 등교하는 모습을 볼 때면 안쓰럽기 그지없다.

"이번 주에 하루는 학교를 쉬는 게 어때?"

"어떻게?"

"금요일쯤에 질병 결석하고 하루 쉬어."

"왜? 군이 그렇게 할 필요가 있어?"

"아빠는 네가 힘들어하니까 하루쯤 쉬는 것도 좋을 것 같아서 그러지."

"안 돼, 대학 입학할 때 출결도 본단 말이야, 이제부터 절대 빠지면 안 돼."

"음… 그래."

학교를 그렇게 가기 싫어했던 지율이가 2학년이 되고 나서부터는 출결에 굉장히 신경을 쓰기 시작했다. 자퇴를 하고 싶어 했던 아이가 맞는지 의구심이 들 정도였다.

"오늘 지율이 학원 원장님하고 통화를 했어."

"그래? 원장님이 뭐라고 이야기해?"

"원장님이 좀 놀라워하더라고."

"왜?"

"처음에는 원장님도 지율이에 대한 확신이 없었대."

"그래?"

"응, 지율이가 자신의 공부 스케줄을 잘 따라올 수 있을까? 확신이 안 섰었는데, 생각보다 잘 따라와 줘서 그 부분에 대해서 대견해 하시더라고."

"다행이네."

"지율이가 이제껏 어떻게 공부한 줄 알아?"

"어떻게?"

"작년 7월에 학원 다니고 나서부터 지금까지 초등학교, 중학교 수학 과정을 처음부터 다시 공부했다고 하더라고."

"전에 지율이한테 대충 이야기는 들었었는데, 초등학교 과정부터 공부를 했다고?"

"응, 지율이가 기초부터 차근차근 다시 공부했다고 하더라고."

"그러면 현재 교과 과정은 아직 들어가지도 못했겠네?"

"그렇지? 거의 7개월 동안 초등, 중등 수학을 공부했으니까, 이제서야 고등학교 교과 과정을 따라잡았다고 하더라고."

"음… 그렇구나."

"지율이가 정말 대단한 거 같아."

"그렇지. 그렇게 자존심 강한 아이가 초등학교 수학부터 다시 시작했다는 것이 대단한 거지."

"원장님은 이제 조금씩 효과가 나타날 거라고 하시더라고."

"음…. 그래. 자신만의 공부 루틴도 만들어 가고 있으니까 이제 점차 나아지겠지."

"그렇겠지."

일전에 지율이에게 기초 수학부터 다시 공부하고 있다는 이야기를 얼핏 들었었는데, 초등학교 수학부터 시작한 줄은 상상도 하지 못했다.

자존심이 강한 아이가 초등 수학을 물어보며 공부하는 것이 생각처럼 쉽지 않았을 텐데, 그러한 과정을 겪었다는 것이 믿어지지 않으면서도 대견하다는 생각을 했다.

"지율아, 초등 수학부터 공부했었어?"

"응."

"초등 수학은 다 알고 있는 거 아니었어?"

"알고는 있는데 원리와 개념을 좀 더 명확하게 알고 넘어가야 될 것 같아서 다시 공부한 거지."

"초등이나 중등 수학에 대해 물어보면서 부끄럽지는 않았어?"

"그게 왜 부끄러워? 정말 부끄러운 것은 모르면서 아는 척하는 거지."

"그래?"

"그럼, 하나도 안 부끄러웠어."

"그럼 이제 초등, 중등 수학은 다 공부한 거야?"

"응, 이제 고등학교 교과 과정 따라가고 있어."

"그렇구나."

"그런데 아빠, 정말 신기한 것이 뭔지 알아?"

"뭔데?"

"예전에는 수학 시험 보면 다 모르는 거였어. 그래서 그냥 찍기도 하고 그랬는데 이제는 문제를 풀어, 난 그게 정말 신기하더라고."

"그렇지."

"아빠, 정말 공부하니까 되더라고."

"당연하지."

내가 만약 지율이었다면 나는 그 시간을 버티지 못했을 것이다.

초등 수학부터 다시 공부한다는 것을 내 자존심이 허락하지 않았을 것이고, 오히려 나는 더 조급해하지 않았을까 하는 생각이 들었다.

그래서 지율이가 지난 수개월 동안 초등, 중등 수학을 공부했다는 이야기를 듣고 대단하다는 생각밖에 들지 않았다.

더욱이 이제서야 수학 교과 과정을 따라온 지율이가 하나둘씩 수학 문제를 풀어 가면서, 자신이 공부했던 시간들이 헛되지 않았다는 것을 인식했다는 것은 꽤나 큰 소득이었다.

어쩌면 지율이는 지난 10여 년간 느끼지 못한 공부의 맛을 이제서야 느끼고 있는지도 모르겠다.

공부는 역시 부모의 욕심과 강요로 하는 것이 아니라 자신의 필요에
의해서 해야 한다.

자신의 순수 의지로 공부를 할 때 효과가 가장 좋다.

3

반에서 1등을 하다

"아빠, 이번 6월 모의고사는 성적을 기대해도 좋을 것 같아."

"그래?"

"응."

"그런데 지율아, 너 예전에 중학교 때도 그 이야기했던 거 기억나?"

"내가 그랬나?"

"응. 중학교 3학년 때인가 수학 시험 잘 봤다고 아빠한테 이야기했었는데 그때 수학 점수가 56점인가 그랬잖아?"

"하하하"

"그러면서 아빠한테 전에 봤던 시험 성적보다 올랐다고 당당하게 이야기했었어."

"응, 기억난다."

"그런데 이번에 또 모의고사 성적을 기대하라고?"

"아빠, 그때는 내가 공부를 안 했을 때고. 지금은 나름 열심히 하고 있잖아."

"아무튼 아빠는 점수에는 그다지 신경을 안 쓰지만, 네가 노력한 만큼의 성과가 조금이나마 나왔으면 좋겠다."

"응, 이번에는 아마도 그럴 거야."

"그래. 그럼 이번에는 기대해 볼게."

지율이를 키워 오면서 이제껏 성적표를 제대로 확인해 본 적이 없었다.

우리 부부는 중학교 때까지 지율이가 공부를 하지 않아도 크게 걱정하지 않았다. 어차피 공부라는 것은 본인의 의지나 욕심에 따라 해야 되는 것이기 때문에 부모들이 성적에 집착하고, 관심을 갖는다고 하더라도 성적이 크게 달라지지 않을 것이라고 생각했기 때문이었다.

그러다 보니 지율이도 시험 성적에 대해서 부담이 없었고, 성적표가 나와도 우리 부부가 먼저 이야기를 꺼내지 않는 이상 본인이 먼저 성적표에 대한 이야기를 하지 않았던 것 같다.

그랬던 아이가 갑자기 6월 모의고사 성적을 기대해도 좋을 것 같다는 것으로 봐서는 본인 스스로 나름의 공부를 했다는 자신감 때문이 아닐까 생각해 본다.

"아빠, 6월 모의고사 성적 나왔는데, 반에서 수학 1등을 했어."

"뭐? 1등? 수학을?"

"응."

"이것 봐봐."

"오, 진짜 그러네? 대단하네. 어떻게 1등을 한 거야?"

"그냥 문제를 좀 풀었지 뭐."

"아니 이 문제들을 다 알고 푼 거야?"

"아빠! 그럼 다 알고 푼 거지. 찍었겠어?"

"와, 진짜 대단하다. 너희 반에 전교 1등이 있다고 하지 않았어?"

"응, 전교 1등 하는 애가 있지."

"그 애를 제치고 반에서 1등을 한 거야?"

"응."

"학원 원장님은 뭐라고 이야기하셔?"

"원래 칭찬에 인색하신 분인데, 고생했다고 말씀은 하셨어. 하지만 아직도 갈 길이 멀었다고 하시더라고."

"대단하다 지율아! 아빠는 너무 놀랍고, 네가 대견하다."

"공부하니까 되더라고. 나도 신기해. 아빠."

"지난 시간 동안 너의 노력이 헛되지 않았다는 증거네, 정말 대단하다."

얼마 전 지율이가 모의고사 성적을 기대하라고 했었을 때 나는 사실 별로 기대하지 않았다.

앞서 이야기했던 것처럼 예전의 기억이 있었고, 성적이라는 것이 단기간에 공부를 했다고 해서 눈에 띄게 오를 것이라고 생각하지 않았기 때문이다.

하지만 이번 모의고사에서 나의 예상과는 달리 지율이의 수학 성적은 반에서 1등이었다.

초등 수학도 제대로 이해하지 못했던 아이가 지난 7~8개월 동안 다시 시작하여 기초를 다지고, 이제서야 고등학교 수학 교과 과정을 따라잡았다.

이런 상황인데 모의고사 수학을 반에서 1등 했다는 의미는 그동안 지율이가 공부했던 시간이 결코 헛되지 않았다는 것이고, 한눈팔지 않고 오로지 공부에만 집중했다는 것을 의미한다.

정말 놀라운 일이다.

"지율이가 대단한 것 같아."

"그러니까, 나도 깜짝 놀랐어."

"이제서야 공부의 맛을 알게 되었고, 본인 스스로가 노력에 대한 희열을 느끼고 있는 것 같아."

"그런 것 같아. 지율이가 일주일 중에 일요일 하루를 온전히 쉬는데, 쉬고 나서도 저녁에는 꼭 스터디 카페를 가더라고."

"그래?"

"응, 왠지 하루라도 공부를 안 하면 이제는 불안해하는 것 같아. 스스로 나태해지는 걸 많이 경계하는 것 같더라고."

"음…. 신통하네."

지율이의 휴식 시간은 일요일 단 하루이다.

일요일 오전에는 성당을 다녀오고, 오후에는 친한 친구들끼리 피시방에서 2~3시간 게임을 하는 것이 휴식의 전부다.

그런데 언제부터인가 친구들과 피시방에서 게임을 하고 나서도, 꼭 스터디 카페에 가서 공부를 하고 새벽 1~2시가 다 되어서야 집으로 돌아온다.

일주일에 하루쯤은 온전히 자신을 위하여 시간을 보낼 법도 한데, 지율이의 휴식은 고작 친구들과 2~3시간 게임하는 것이 전부일 뿐 대부분의 시간을 공부에 투자하고 있다.

우리 부부가 다른 부모들처럼 자녀의 공부를 의무감과 책임감으로 인식하여 사교육에 집중했다면, 아마도 지율이는 이러한 결과를 얻지 못했을지도 모른다.

지율이가 이제서야 공부에 집중할 수 있었던 이유는 공부의 목적이 오로지 자신의 미래를 위한 과정이라고 인식했기 때문이다.

자녀들에게 공부는 노동이 아닌 목표를 이루기 위한 자발적인 과정이어야 한다.

4

6등급이 2등급으로

6월 모의고사 성적을 받은 이후, 지율이는 공부에 더 집중하기 시작했다. 무엇보다 1년 가까이 자신의 노력에 대한 희열을 비로소 느끼게 되었고, 공부를 열심히 하면 충분히 이뤄 낼 수 있다는 자신에 대한 믿음이 더 강해진 듯하다.

"학원 원장님은 뭐라고 이야기해?"

"잘했다고 하시긴 하는데, 그건 가짜 성적이라고 말씀하시더라고."

"가짜 성적?"

"응, 가짜 성적."

"왜?"

"반에서 1등을 한 것이 중요한 게 아니라, 성적에 대한 등급이 더 중요하다고 말씀하셨어."

"음…."

"솔직히 원장님 말씀이 맞지, 반에서 1등 한 것은 크게 의미가 없어."

"음, 그래도 1등은 대단한 건데?"

"응. 이번에 열심히 해서 9월 모의고사에서는 등급이 더 잘 나올 수 있도록 노력해 보려고 해."

"등급을 높게 받으려면 어떻게 해야 되는데?"

"고득점 문제를 많이 맞혀야지. 일단 현재 3점짜리 수학 문제는 거의 다 정답인데 아직도 고득점 문제는 푸는 것이 쉽지 않아, 어렵기도 하고. 그래서 고득점 문제에 대해서도 대비를 하려고."

"그래, 지금처럼 하면 잘할 수 있을 거야."

사실 내 입장에서는 지율이가 반에서 수학을 1등 했다는 것이 그저 대단하고 놀랍기만 한데, 학원 원장은 큰 비중을 두지 않는 듯하다.

하긴 학교마다 학생들 학업에 대한 편차가 크니 어쩌면 반에서의 경쟁은 큰 의미가 없을 수도 있다.

"지율아, 아빠가 보기에 이제부터는 영어와 국어 공부도 병행을 해야 될 것 같아."

"응."

"일단 수학 교과 과정을 일정 수준 따라왔기 때문에 그건 그대로 현재의 루틴을 유지하되, 지금부터 영어와 국어 공부를 해 놓으면 나중에 고3이 돼서 훨씬 수월할 거야."

"그러지 않아도 영어 학원도 다니려고 알아보는 중이야."

"공부가 한 과목에 편중되어 버리면 나중에 가서 나머지 과목 때문에 네가 힘들어질 수 있어. 수학 공부를 했던 것처럼 영어와 국어에 대한 공부 루틴도 가져가야 돼."

"응, 알고 있어. 걱정하지 마. 아빠."

지금까지 지율이의 공부 루틴은 수학 위주였다.

그러다 보니 상대적으로 영어와 국어 성적은 생각보다 좋지 않았다. 지금의 루틴을 유지한다고 해서 수학 성적이 그 이상 향상되기는 어려울 것이고, 일정 부분의 수준에 도달하면 정체될 가능성이 높다.

수학이라는 과목은 공부를 계속하면 지금의 수준을 유지할 수 있겠지만, 공부를 하지 않으면 바로 성적으로 나타난다.

이제껏 대부분의 시간을 수학에 집중했다면, 지금부터는 영어와 국어도 시간을 분배하여 공부해야 한다. 지금 해 놓지 않으면 고3이 되었을 때 더 힘들어지기 때문이다. 공부는 하면 할수록 어렵다.

"아빠, 이번 9월 모의고사 수학 성적 등급이 나왔어."

"그래? 수학은 몇 등급 받았어?"

"2등급."

"2등급?"

"우와, 잘했네, 작년에는 몇 등급이었지?"

"작년에 1학년 때는 6등급이었지."

"아니, 그럼 1년여 만에 6등급에서 2등급으로 상승한 거네?"

"응."

지율이에게 수학 성적이 2등급이라는 이야기를 듣고 나서 나는 사실 성적이 도대체 어느 정도인지를 가늠하지 못했지만, 나중에 가서야 등급을 올리는 것이 얼마나 어렵고 힘든 일인지 알게 되었다.

지난 6월 모의고사와 9월 모의고사는 예상보다 좋은 성적을 받았다.

노력에 대한 결과물을 너무 일찍 얻은 것이 아닌가 하고 내심 불안하기도 했지만, 지율이는 자만하지 않고 묵묵히 자신의 공부 루틴을 유지해 나가고 있다.

더욱이 그동안 편중되어 왔던 수학 공부 시간을 분산하여, 영어와 국어 공부도 병행하려고 하는 것으로 보아 현재의 루틴만 잘 유지한다면 충분히 원하는 대학에 갈 수 있지 않을까 조심스럽게 예상도 해 본다.

지율이는 6월 모의고사에서 수학을 반에서 1등 한 것보다, 9월 모의고사에서 2등급 받은 것을 더 뿌듯해하고 있다.

스스로도 느낄 것이다.

자신의 공부 방식과 루틴이 옳았다는 사실을 말이다.

5

전설이 되어 가는 아들

"학원 원장님이 9월 모의고사 성적표를 찍어서 사진으로 보내 달래."

"왜?"

"원장님이 전에 받았던 내 모의고사 성적표와 9월 모의고사 성적표를 비교하면서 학원홍보를 하려고 하시는 것 같아."

"하긴 원장님 입장에서는 불과 1년여 만에 수학 6등급 받았던 학생이 2등급으로 향상되었다는 것이 대단한 성과지."

"그러니까, 별도로 학원홍보에 사용하려고 하시나 봐."

"원장님이 뭐 또 별다른 말씀은 없었어?"

"나보고 전설이 되어 보자고 말씀하시더라고."

"전설?"

"응, 학원의 전설. 원장님께서 이런 경우가 없었다고 하시더라고, 수학을 6등급 받던 학생이 이렇게 단기간에 2등급으로 향상되는 것이 흔하지 않은 일이라고 말씀하셨어."

"그렇지, 그건 흔하지 않은 일이지."

"그 어려운 것을 내가 이뤄 냈다고 칭찬 많이 해 주셨어. 그러면서 나를 전설로 만들어 보겠다고 하시더라고, 그리고 목표 대학은 되도록 높게 잡으라고 하셨어."

"그래서 어느 대학교로 생각하는데?"

"원장님은 서울대학교를 이야기하시더라고."

"서울대학교?"

"응."

"아빠는 생각만 해도 가슴이 벅차다."

"그런데 내가 합격할 수 있을까?"

"뭘 그런 걸 벌써부터 생각해. 이제껏 네가 보여 준 것이 있는데 못 갈 것도 없지. 아빠는 네가 지금의 루틴만 잘 유지해도 충분히 가능할 것 같은데? 네 자신을 의심하지 마. 자신을 의심하게 되면 아무것도 할 수가 없어."

"음… 그래서 원장님 말씀처럼 전설이 되어 보려고."

"그래."

자녀가 공부를 잘한다는 것만큼 부모에게 큰 자랑거리는 없을 것이다.

불과 1년 전까지만 해도 자퇴를 고민했던 아들이, 매일 유튜브를 보면서 깔깔거리며 시간을 보내던 아들이, 이제는 서울대학교를 목표로 공부를 하겠다는 그 말이 나에게는 그저 꿈만 같은 이야기였다.

왜 그토록 부모들이 자녀의 학업 성적을 위해서 사교육에 목을 매고 있는지 이해가 되는 순간이었다.

"지율이는 도대체 누굴 닮은 걸까?"

"그러게, 난 저렇게 해 본 적이 없는데 말이야."

"그러니까."

"의지가 강한 아이야. 그리고 욕심도 많은 아이고."

"만약에 우리가 어렸을 때부터 지율이에게 사교육을 시켰으면 어땠을까?"

"아마 그랬다면 다른 아이들처럼 공부하는 것을 의무감으로 생각하고 하지 않았을까?"

"그랬겠지?"

"지금 지율이가 스스로 공부하는 것은 자신을 삶의 주체로 인식하고 있기 때문에, 자신의 목표를 이루기 위해서 당연히 해야 되는 일이라고 생각해서 더 열심히 노력하는 것 같아."

"응, 그런 것 같아."

"처음에는 우리가 지율이의 공부에 대해서 너무 관대했던 것이 아니었나 하고 후회를 했던 적도 있었거든."

"나도 사실 그랬어."

"그런데 돌이켜 보면 우리의 생각이 맞았던 것 같아. 공부라는 것은 결국 부모의 강요가 아니라 본인의 의지로 하는 것이 맞으니까 말이야."

"응, 맞아."

"앞으로도 옆에서 잘 지켜봐 주고, 격려해 주고, 응원해 주는 것 외에는 우리가 딱히 해 줄 것은 없어 보여."

작년에 자퇴를 선언하고 지율이의 기초 학습 능력이 현저히 떨어져 있다는 사실을 알았을 때, 우리 부부의 양육 방식이 잘못된 것은 아니었나 하고 내심 반성을 했었다.

그런데 막상 시간이 지나고 나서 되돌아보니, 우리 부부의 양육 방식이 지율이에게는 맞았던 것 같다.

지율이는 지난 1년의 시간을 거치면서 스스로 삶에 대한 주체 의식을 갖게 되었고, 자신의 목표를 이루기 위해 당장 무엇을 해야 하는지도 명확하게 깨달았다.

지율이의 변화는 어쩌면 우리 부부의 양육 방식에서 기인했을지도 모른다.

지율이가 정말 서울대학교를 갈 수 있을지는 아직 잘 모르겠다. 그러나 분명한 것은 지율이 스스로 자신의 길을 찾으려고 끊임없이 노력하고 있다는 것이고, 그 누구보다 자신의 성공적인 삶을 갈망하고 있다는 것이다.

지율이는 그렇게 자신만의 스텝을 밟으며, 자신만의 속도로 천천히 전설이 되어 가고 있다.

6

서울대학교 vs 경찰대학교

"아빠, 서울대학교가 나을까? 경찰대학교가 나을까?"

"갑자기 그건 왜?"

"학원 원장님은 서울대학교를 목표로 공부하라고 자꾸 이야기하시거든."

"그래?"

"응, 목표는 높게 잡아야 한다고."

"네 생각은 어떤데?"

"난 경찰대학교도 좋은 것 같은데 아빠 생각은 어때?"

"음, 아빠가 생각하기에는 단순히 대학교를 비교하면 안 될 것 같은데?"

"그래?"

"학원 원장님은 아무래도 서울대학교라는 인식이 사회에 나가면 크게 작용하니까 너에게 서울대학교를 이야기한 것 같아. 그런데 아빠는 조금 다른 생각이야."

"어떤 생각?"

"네가 대학교를 가려는 목적에 대해서 생각을 명확히 해야 돼."

"대학을 가려는 목적?"

"응. 만약에 네가 대학교를 졸업해서 좋은 회사에 취직을 하겠다고 생각한다면 서울대학교를 추천해. 하지만 네가 하고 싶은 공부를 하겠다고 생각한다면 아빠는 경찰대학교를 추천하고 싶어."

"그래?"

"요즘 대학교 생활이 아빠가 다닐 때처럼 낭만이 있거나 그러지 않아. 대부분 입학을 하게 되면 1학년 때부터 취업 준비에만 몰두를 하잖아."

"그렇지."

"그렇다면 아빠는 네가 하고 싶은 공부를 할 수 있는 환경이 더 좋다고 생각하거든? 아무래도 경찰대학교는 기숙사 생활을 하고, 단체 생활을 하다 보니까 네가 공부할 때 더 집중할 수 있는 환경이지 않을까 싶어."

"음… 그러네."

"지율아, 대학은 네가 공부하러 가는 곳이야. 물론 어느 대학을 가는 것도 중요하지만, 아빠는 네가 어떤 공부를 하고 싶냐가 더 중요한 것 같아."

"음, 어떤 말인지 알 것 같아."

개인적으로 서울대학교를 갈 수 있다면 더할 나위 없이 좋겠지만, 예전처럼 서울대학교라는 타이틀이 사회적 영향력을 발휘하는지는 의문이다. 더욱이 서울대학교를 나왔다고 사회생활에서 성공할 수 있다는 보장 또한 없다.

그렇다면 대학을 선택하는 데 있어서 취업이 우선이 아닌 자신의 학문에 더 중점을 두어야 한다.

그런 의미에서 지율이에게는 서울대학교보다 경찰대학교가 더 맞을지도 모르겠다.

지율이가 나에게 의견을 구한 것은 자신의 생각과 나의 생각을 견주어 보기 위해서였을 것이다.

아마도 지율이는 경찰대학교를 목표로 공부를 하지 않을까 예상해 본다.

대부분의 사람들은 좋은 대학을 나오면 사회생활도 성공할 것이라고 생각하지만, 내 경험상 좋은 대학을 나왔다고 해서 그 인원들 모두가 사회적으로 성공하는 것은 아니다.

결국에는 대학이 아니라, 그 사람의 인성과 삶의 태도가 사회적 성공을 좌우하는 것이 아닌가 생각한다.

지율이에게 대학은 취업을 하기 위한 곳이 아니라, 공부를 하기 위한 곳이어야 한다.

7

나의 불안과 우려

"수학 학원 원장님하고 통화를 했는데, 원장님도 당신과 비슷한 이야기를 하시네?"

"그래?"

"응, 지금 지율이가 정체되어 있다고 하면서 공부의 방식을 바꿔야 한다고 하는데…."

"음, 내가 우려하고 있는 것들을 원장님도 똑같이 생각하고 말씀을 하셨네?"

"그러니까."

"구체적으로 뭐라고 이야기하셨어?"

"지율이가 열심히 하는 것은 인정하는데 자신만의 공부 방식을 고수하고 있다고 하더라고, 원장님은 시험을 보면 맞은 것보다 틀린 것을 한 번 더 보고, 왜 틀렸는지를 고민하고 찾아보고 검증하면서 공부를 해야 하는데, 지율이는 그런 과정을 거치지 않는다는 거야."

"음…."

"그러면서 요즘 지율이에게 계속 실망하고 있다고, 이런 식이면 내보낼 수밖에 없다고 이야기를 하시더라고, 그래서 걱정이야."

"음…."

"당신이 한번 지율이하고 이야기를 좀 해 봐."

"알았어."

우려했던 일들이 벌어지고 말았다. 사실 내심 불안하긴 했었다.

분명 자신만의 공부 루틴이 만들어졌다고 생각하고 있겠지만, 그 루틴이 때로는 독이 될 수도 있다. 1년 동안 공부를 하면서 성적이 많이 올랐으니 지율이 입장에서는 당연히 자신의 공부 루틴을 신봉할 수밖에 없을 것이다.

그러다 보니 학원 원장의 이야기가 언제부터인가 잔소리처럼 들렸을 것이고, 자신의 감정을 상하게 한다고 생각했을 것이다.

요즘 들어 지율이의 표정도 좋지 않고 힘들어 보여서 공부하는 데 문제가 생겼나 싶었다. 그래서 아내에게 슬쩍 원장과 상담을 한번 해 보라고 했었는데 내 예상은 빗나가지 않았다.

기본적으로 지율이에게 이야기할 때 내가 이야기하고자 하는 내용을 바로 꺼내지 않는다.

최대한 나의 경험들을 토대로 이야기하고 나서 그러한 이야기들에 공감이 되었을 때, 하고 싶은 이야기를 하나둘씩 꺼내서 표현하는 편이다.

"지율아, 아빠는 예전에 고3 때도, 재수할 때도 나름 열심히 공부를 했었거든? 그런데 늘 성적이 좋지 않았어. 그때는 그게 너무 억울했는데 시간이 지나서야 왜 성적이 안 나왔는지를 알겠더라고."

"왜 성적이 안 나왔는데?"

"공부 방법에 대해서 제대로 몰랐던 거지."

"공부 방법?"

"응, 모르는 것에 대해서 솔직해져야 되는데, 아빠 자존심이 그걸 허락하지 않았던 것 같아. 그래서 시험 문제가 틀리면 왜 틀렸는지 그걸 공부했어야 하는데, 늘 '이건 내가 다 아는 건데 실수해서 틀린 거네.' 하고 그냥 넘어가 버린 거야. 그러다 보니까 매번 같은 유형의 문제를 틀렸어. 지나고 보니 아빠가 그때 신경을 써서 공부했더라면 좀 더 좋은 성적을 얻지 않았을까 후회가 되더라고."

"응, 혹시 원장님하고 통화했어?"

"응, 지율아, 학원 원장님이 걱정하는 것과 아빠가 걱정하고 있는 것이 똑같더라. 아빠가 걱정하는 것은 딱 하나야."

"뭔데?"

"공부라는 것이 어느 지점에 도달하게 되면 성적이 올라가지 않고 정체가 되더라고, 아빠는 그게 좀 걱정돼."

"왜?"

"성적이 정체된다는 것을 스스로 느끼는 순간 괜히 짜증이 나기도 하고, 그래서 공부 방법을 바꿔 보기도 하고, 뭐 그런 상황을 겪게 되면서 스스로 혼란에 빠지게 되거든. 아빠는 그게 제일 걱정되더라고."

"음⋯."

"아빠가 보기에는 말이야, 지금 상황에서는 학원 원장님을 신뢰할 수밖에 없어. 물론 네가 1년 동안 공부했기 때문에 너만의 공부 루틴이 완성되었다고 생각하겠지만, 지금은 그 틀을 깨야 되는 시점이라고 봐."

"그러지 않아도 계속 원장님하고 이야기하고 있어."

"그래, 아빠는 지난 1년을 돌이켜 보면 물론 네가 열심히 공부했기 때문에 소정의 성과를 얻었다고 생각해, 그러나 그 이면에는 원장님의 결정적인 조언이 많이 작용한 거잖아? 지금 상황에서는 원장님의 이야기를 믿고 가야 돼. 적어도 그 사람의 아웃풋은 인정해 줘야지. 앞으로는 열심히 공부하는 것도 중요하지만, 무엇보다 효율적인 공부를 하는 것이 더 중요할 것 같아. 고3이 되면 모든 아이들이 다 공부를 열심히 할 거라고, 그렇다면 지금부터는 공부 시간을 어떻게 효율적으로 활용하느냐가 향후 성적을 좌우하지 않을까 싶어."

"무슨 말인지 알겠어."

"학원 원장님이 너에게 다소 감정적인 이야기를 한다고 해서 크게 동요되지는 마. 지금은 너의 목표를 달성하는 데 가장 중요한 것이 무엇인지를 다시 한번 생각해 보는 것도 좋을 것 같아."

"아빠, 그러지 않아도 어제 원장님하고 오랜 시간 면담했어. 걱정 안 해도 돼."

혹시나 원장하고의 갈등이 극대화돼서 학원을 나오게 되는 것은 아닌지 내심 걱정을 했었는데, 다행히도 오랜 시간 면담을 통하여 갈등은 일단락된 듯싶다.

"아빠, 겨울 방학에는 아침 9시까지 학원에 가야 돼."

"매일?"

"응, 매일. 원장님하고 그렇게 하기로 했어."

"그리고?"

"일단 저녁에 영어학원 가는 날을 제외하고는 계속 밤늦게까지 학원에 있으려고."

"스터디 카페는 이제 안 다니고?"

"응, 방학 동안 스터디 카페는 안 다니고 학원에서 계속 공부할 거야. 원장님이 내주는 과제가 많아서 과제하고, 피드백도 받으려면 학원에서 계속 공부하는 것이 더 편할 것 같아."

"그래, 알았어."

좋은 타이밍이었다.

지금 지율이의 공부 루틴을 깨지 못한다면 내가 예상한 것처럼 지율이는 내년 3, 4월쯤에 혼란을 겪었을 것이다. 단순히 혼란에서 끝나면 다행이지만 그 혼란은 아마도 대학 입시에 결정적으로 작용했을 것이다. 지율이가 순순히 나의 의견과 학원 원장의 의견을 적극 받아들인 것은 스스로도 내심 불안했기 때문이 아닐까 생각해 본다.

이제 지율이는 고3이 된다. 본격적으로 입시의 부담을 직접 마주할 것이다.

부담은 갖되 위축되지는 말자.

너 자신을 끝까지 믿는 수밖에 없다. 지난 1년여의 시간처럼 말이다.

너와 함께하겠다

생각보다 나는 실행력이 좋지 않다.

계획은 늘 거창하게 세우지만 실제 실행은 생각처럼 쉽지 않았다. 올해 개인적으로 준비했던 자격증 시험이 있었다. 나름 강력한 의지로 초반에는 열심히 공부를 했었는데, 외부 강연과 상담, 교육 등 여러 가지 일들로 인하여 공부를 지속하지는 못했다. 개인적으로는 뜻을 이루지 못한 아쉬움이 남는 한 해였다.

"아빠가 너에게 약속 하나 할게."

"뭐?"

"내년에 네가 고3이 되면, 아빠도 똑같이 너와 함께 공부를 할 거야."

"그래?"

"응, 네가 네 인생에서 가장 중요한 시험을 준비하듯이, 아빠도 아빠 인생에서 중요한 시험을 준비해 보려고 해."

"음."

"내년에는 우리 같이 합격하자."

"오케이."

나 또한 내 삶의 모멘텀이 필요했다.

그동안 식었던 나의 열정을 되찾으려면 내 목표를 다시금 정립해야 하고, 그 목표를 이루기 위한 과정을 치열하게 경험해야 한다.

그 과정이 결국은 공부였다.

지율이에게 내가 다시금 공부를 하겠다고 이야기한 것은 행여나 또 다른 핑계를 찾아 내 의지를 꺾는 일이 없도록 하기 위한 나 자신만의 강력한 의지를 표현한 것이다.

지율이와 나는 각자의 자리에서 인생을 살아가고 있다.

지율이가 자신의 인생에서 가장 중요한 순간을 준비하듯이 나 또한 내 인생에서 가장 중요한 순간을 준비한다면, 우리는 그 과정을 통하여 그동안 숨겨져 있던 내면의 뜨거움과 열정을 마주할 수 있을 것이다.

각자의 목표를 위하여, 각자의 행복을 위하여, 각자의 인생을 위하여.

내년에는 나도 지율이와 함께 발을 맞춰 걸어갈 것이다.

V

성찰하는 아빠,
성장하는 아들

1

내가 성찰한 이유

20여 년 전 온라인 게임인 스타 크래프트가 한창 유행할 때, 막연히 그런 생각을 한 적이 있었다. 내가 나중에 아들을 낳는다면 아들과 함께 온라인 게임을 즐기는 친구 같은 아빠가 되겠다고 말이다.

지율이를 키우면서 나는 많은 것들을 지율이와 함께했다.

남자아이라면 모든 운동을 조금씩 할 줄 알아야 한다는 생각으로 초등학교 1학년 때부터 야구와 탁구를 가르쳐 주며 함께했고, 학년이 올라가면서는 농구 등을 함께했었다.

그리고 초등학교 4학년 때부터는 아내에게 허락을 받고 PC방도 함께 다녔다. 그동안 많은 것을 함께해 왔기 때문에 지율이에게 나는 친구 같은 아빠였고, 민주적인 아빠라고 생각했다.

"선생님, 지율이와 대화가 잘 안됩니다."

"그런가요?"

"네, 대화를 잘 이어 가다가도 막상 중요한 순간에 지율이의 생각을 들어 보려고 물어보면, 그때부터 아무 말도 하지 않고 입을 굳게 닫아 버립니다. 선생님께서 지율이의 속마음을 알아봐 주실 수 있을까요?"

"네, 알겠습니다."

3년 전 지율이가 학교폭력을 당했을 때 담당했던 심리상담사에게 지율이의 속마음을 알고 싶다고 부탁을 했다.

"지율이는 기본적으로 아버님을 많이 좋아합니다."
"그래요?"
"그런데 아빠를 좋아하면서도 때로는 무섭다고 하더라고요. 그리고 지율이가 아버님에게 상처를 많이 받은 듯합니다."
"상처요? 선생님 저는 지율이에게 친구 같은 아빠였습니다. 지율이가 저에게 상처를 받았을 리가 없습니다."
"네, 예전에 아버님께서 지율이에게…."
"아……."
"지율이는 아빠를 좋아하지만, 한편으로는 무섭고 권위적이라고 인식하는 것 같아요. 더욱이 아버님에 대한 상처들이 하나둘씩 쌓이다 보니, 자신의 생각을 이야기하면 아빠가 반대하지 않을까? 화를 내지 않을까? 그런 두려움을 갖고 있는 것 같아요."
"네……."

심리상담사의 이야기를 듣고 난 후, 한동안 잠을 이룰 수가 없었다. 나름 민주적이고 친구 같은 아빠라고 자부하고 있었는데, 막상 나로 인해 상처를 가지고 있다는 지율이의 속마음을 알고 나니 무척이나 혼란스러웠다.

우리 관계에 대해서 복기를 해 볼 필요가 있다.

내 입장에서는 당연히 걱정이 되어서 이야기를 했을 뿐인데, 지율이 입장에서는 자신의 의견을 묵살하고 거절당하는 것으로 인식할 수 있었다. 곰곰이 생각해 보니 그런 경우들이 꽤 있었다.

가령, 친구 생일날 밤늦게까지 놀다가 오겠다고 이야기했을 때 친구의 인적 사항을 물어보고, 무엇을 할 것인지 캐묻고, 몇 시까지 들어오라고 제한을 두었다.

편안한 상황에서는 친구 같고 민주적인 아빠인 것처럼 이야기하지만, 그렇지 않은 상황에서의 대화는 지율이의 입장에서 아빠가 자신의 의견을 묵살하고, 자신을 믿어 주지 않는 것으로 충분히 인식할 수 있었다.

더욱이 아무렇지 않게 내뱉은 나의 말 한마디가 의외로 지율이게는 상처가 되어 축적되었을 수 있다.

생각해 보면 나는 중학생인 지율이가 아직 어리고, 미숙하다고 단정 지었던 것 같다.

그 당시에는 부모가 자녀의 모든 것을 합리적으로 판단해 주는 것이 부모의 역할이라고 생각했던 것이다. 그러나 초등학생만 되어도 옳고 그름의 가치 판단을 할 수 있는 기준이 생기는데, 나의 잣대로 아들의 의견들을 철저히 무시했던 것은 아닌가 반성해 본다.

지율이에게 부모의 욕망을 드러낸 적은 없었다. 우리 부부는 지율이가 그저 행복하고 건강하게 성장하기만을 바랄 뿐이었다.

그릇된 부모의 욕망으로 지율이에게 과도한 기대를 한 적은 없지만,

도덕적 욕망은 드러냈다. 올바르게 성장해야 한다는 나의 도덕적 강박이 오히려 지율이에게 더 큰 올가미로 작용된 것이 아닌가 생각한다. 지율이 스스로에게 도덕성에 대한 명확한 가치 판단 기준이 있음에도 말이다.

　지율이하고의 관계 개선이 시급했다. 갈등의 본질을 마주하게 된 이상 어떤 식으로든 변화를 추구해야 한다. 내가 바뀌지 않는 이상 우리의 관계는 회복하기 힘들 것이다.

　지금부터 관계를 회복해야 한다.

　3년 전 지율이의 속마음을 심리상담사에게 전해 듣고 나서, 그동안 지율이에게 잘못했던 일들에 대해 정식으로 사과했다.

　그리고 약속했다.

　아빠가 먼저 변하겠다고 말이다.

2

성찰하는 아빠

인간의 뇌는 부정의 개념을 이해 못 한다고 한다. 우리 뇌에 하지 말라고 입력을 하면 할 수가 없다. 그러다 보니 뇌에서 하지 말라고 명령을 내리면 오히려 강조하는 효과가 나타난다고 한다.

상대방에게 하길 바라는 마음으로 표현해야지, 하지 말라고 표현하면 오히려 강조되어 의식적으로 부정적인 행동을 한다는 의미이다.

스키 선수들이 높은 산에서 활강을 할 때, 나무를 피하라고 이야기하면 스키 선수는 나무를 보며 활강을 하는데, 길을 보고 따라가라고 이야기하면 수백 그루의 나무를 보지 않고, 나무 사이에 있는 길을 보면서 내려온다고 한다.

나무를 보면서 활강하면 행여나 부딪칠지도 모른다는 공포와 두려움으로 내려오지만, 나무 사이에 길을 보고 활강하면 나무 사이에 있는 길이 더 넓어지는 효과를 얻어 집중할 수 있다는 이야기이다.

얼마 전 출연했던 유튜브 채널에서 사회자가 나의 이야기에 신기해하고 놀라면서 물어봤던 일이 있었다.

"소장님, 그게 가능한 일인가요?"

"네?"

"소장님 말씀처럼 자녀들에게 잔소리를 안 할 수가 있나요? 저도 하루에 수십 번씩 되뇌지만 그게 잘 안되던데, 소장님은 그게 가능하시던가요?"

"처음에는 다소 어려울 수 있지만 노력하면 가능합니다."

"그럼, 혹시 사모님도 잔소리를 안 하시나요?"

"네, 저희 아내도 아이들에게 잔소리를 잘 하지 않습니다."

"아, 대단하시네요."

3년 전, 지율이와의 관계 개선을 위해 내가 먼저 변화해야겠다고 다짐하면서 지율이에게 '아빠는 앞으로 너에게 잔소리를 하지 않겠다'라고 약속을 했었다.

부모 입장에서는 조언이고, 자녀를 위하는 표현이라 항변하겠지만, 부모들의 모든 말들이 자녀들에게 잔소리로 인식되는 순간 교육적 가치는 사라지게 된다.

기본적으로 부모들이 자녀들에게 잔소리를 한다는 것은 자녀의 삶에 부모가 깊숙이 개입되어 있다는 말이기도 하다. 빨리 자라, 일찍 일어나라, 학원에 가라, 공부를 해라, 게임 좀 그만해라 등등의 이야기들은 자녀의 일상을 통제하여 부모들의 욕망을 실현시키기 위한 표현이며, 삶의 주체를 자녀가 아닌 부모가 좌우하고 있다는 의미이기도 하다.

물론 미성숙한 자녀들에게는 당연히 부모들의 조언이 필요하다. 그러나 자녀들이 성장할수록 부모들의 잔소리 빈도가 현저히 줄어들어야 함에도 여전히 같은 빈도로 이어진다면, 이는 온전히 자녀들의 삶을 좌지우지하려는 부모들의 욕망 때문이라고 생각한다.

내가 지율이에게 잔소리를 하지 않겠다고 결심한 가장 큰 이유는 지율이의 삶과 내 삶을 분리하겠다는 의미이며, 더욱이 사회적 정의와 도덕적 윤리의 기본적인 판단 기준이 정립된 아들에게 내 주관을 반복적으로 주입시킨다는 것은 무의미하다고 판단했기 때문이다.

인간의 뇌가 부정적인 단어를 인식하지 못하듯이, 내가 잔소리를 하면 할수록 오히려 반감만 쌓일 뿐이다.

조언은 가장 결정적이고 중요한 순간에 이루어져야 한다. 그러한 상황을 구분하지 못하고 자녀들의 모든 일상에 부모가 개입해서 관여한다면 서로의 정신적 피로도는 높아질 것이고, 추후 갈등의 단초가 될 수 있을 것이다.

부모는 무엇보다 자녀를 삶의 주체로 존중해 줘야 한다.

자녀와 부모의 삶이 분리되었다고 인식하는 순간, 자녀에게 부모의 이야기는 더 이상 잔소리가 아닌 조언으로 인식될 것이고, 서로의 정신적 피로도도 낮아질 것이다.

부모들이 잔소리를 하지 않게 되면, 자녀는 부모를 대화의 상대로 인식하게 된다.

3

성장하는 아들

"영어 학원 선택했어?"

"응."

"영어학원을 어떻게 알고 선택한 거야?"

"일단 인터넷으로 주변 영어 학원을 검색해서 리스트를 뽑아 봤거든. 그중에서 결정한 거야."

"학원 평가는 좀 어때? 유명한 학원이야?"

"아, 여기가 신설 학원이라서 학원 후기는 아직 없어."

"그래? 신설 학원인데 괜찮겠어?"

"응, 원장님하고 직접 상담을 해 봤는데 괜찮은 것 같아. 그리고 신설 학원이다 보니 아무래도 수강생들이 많지 않을 테니까, 학원 선생님이 오히려 나에게 집중할 수 있을 것 같아서 이곳으로 결정한 거야."

"그래, 네가 잘 알아보고 결정한 거니까 열심히 해 봐."

작년에 한참 자퇴를 고민하던 시기에 지율이는 올여름에 영어 학원도 다녀야 한다며 본인이 직접 학원을 알아보고 선택했다. 지율이에게 잔소리를 하지 않겠다고 선언한 이후 가장 크게 달라진 것은 지율이 스스로 자신을 삶의 주체로 인식하게 되었다는 것이다.

그러다 보니 자신의 선택과 판단이 예전보다 신중해졌다.

잔소리를 하지 않다 보니, 지율이와 특별하게 얼굴 붉히며 이야기할 상황들이 만들어지지 않는다.

늦게까지 온라인 게임을 하고 있다거나, 하루 종일 유튜브 영상을 보고 있어도, 아내와 나는 지율이에게 잔소리를 하지 않았다.

일부의 부모들은 자녀들의 그러한 행동에 제동을 걸지 않으면, 습관으로 남아 자녀들의 삶에 악영향을 끼칠 것이라고 우려하지만 내 경험으로는 그렇지 않다.

대신에 나는 지율이에게 삶의 주체는 "너 자신이다."라는 것을 끊임없이 강조했고, 선택의 자유를 주는 것과 동시에 그 선택으로 야기되는 결과의 책임도 마주하게 했다.

생각해 보면 그 말만큼 무서운 것은 없다. 자신의 선택으로 마주하는 결과에 대해서 평계를 댈 수가 없기 때문이다.

부모들은 잔소리를 하지 않으면 자녀들의 일상이 무너지고, 무분별하게 생활할 것이라고 생각한다. 물론 한두 번은 그렇게 행동할 수 있다.

그러나 대부분의 아이들은 현재 본인이 해야 될 기본적인 책무에 대해서 잘 알고 있다.

공부를 하지는 않지만 공부를 열심히 해야 한다는 기본적인 책무, 학원은 가고 싶지 않지만 가야 한다는 생각은 부모들이 굳이 이야기하지 않아도 대부분의 자녀들은 인식하고 있다.

지율이에게 컴퓨터를 사 주고 나서 매일 밤늦게까지 온라인 게임을 하지 않을까 걱정을 했지만, 지율이는 특정 요일과 시간에만 게임을 했다. 게임을 하는 시간도 2시간이 채 넘지 않았다.

간혹 주말에 친구들하고 늦게까지 놀겠다며 이야기하고 나가기도 하지만, 저녁에는 항상 스터디 카페에 들러 자신의 하루 학습량을 채우고 돌아왔다.

"아빠, 차라리 대학을 안 가고 고등학교 졸업하고 바로 경찰 시험을 준비하는 것이 더 낫지 않아?"

"그래, 네 목표가 경찰이라고 하면 그것도 좋은 방법이지. 일찍 입문하면 나중에 승진도 더 빠를 테니까."

"그렇지?"

"대학은 언제든지 갈 수 있어, 네 목표가 더 중요한 거야."

예전 같았으면 무조건 경찰대학교를 가야 한다고 이야기하거나, 적어도 경찰행정학과라도 가야 한다고 강력하게 이야기하면서 지율이를 설득시켰겠지만, 지금은 지율이의 이야기에 먼저 공감하며 나의 생각을 강요하지 않게 되었다.

지율이가 요즘 달라진 것 중에 하나는 나를 온전히 대화의 파트너로 인식하고 있다는 것이다. 내가 먼저 공감을 해 주다 보니 자유롭게 자신의 생각을 이야기한다. 그리고 예전보다 더 내 의견에 귀를 기울인다. 나는 이제 더 이상 지율이를 나의 논리로 설득시키지 않는다.

부모들을 대상으로 오프라인 교육을 할 때, 부모가 자녀에게 잔소리를 하지 않는다는 것은 자녀를 온전히 삶의 주체로 인식한다는 의미이며, 설득을 하지 않고 공감을 먼저 한다는 것은 동등한 인격체로서 서로를 존중한다는 의미라고 지속적으로 이야기하고 있다.

자녀의 성장은 이렇듯 부모의 작은 성찰과 변화에서부터 시작된다.

4

돈 못 버는 아빠에게 아들이 한 말

지난 5년간, 나는 스타트업 기업이 겪는 소위 말하는 죽음의 계곡을 지나고 있다.

야심 차게 시작했던 후불제 장례 사업은 마케팅의 부재로 지지부진하다 보니, 당연히 경제적으로 위기를 겪을 수밖에 없었다.

엎친 데 덮친 격으로 3년 전 지율이의 학교폭력은 평범한 가정의 가장인 나에게 또 다른 위기로 다가왔다. 가족들과 더불어 나 또한 우울감과 자괴감으로 하루하루 버티기가 힘들었다.

그런 와중에 [이해준학교폭력연구소]라는 개인 연구소를 설립하고, 《아빠가 되어 줄게》라는 책을 출간하는 등 여러 활동을 해 왔다. 하지만 경제적인 상황은 별반 나아지지 않았다.

"아빠는 도대체 하는 일이 몇 가지야?"

"아빠?"

"응."

"후불제 장례 주식회사 직장의 대표, [이해준학교폭력연구소] 소장, 《아빠가 되어 줄게》 저자 그리고 강사."

"우와! 아빠가 하고 있는 일이 엄청 많네."

"응, 아빠가 하고 있는 일은 많은데, 돈을 많이 못 벌고 있으니까 그게 걱정이지."

"아빠."

"응?"

"돈 걱정을 왜 해?"

"그래도 아빠가 가장인데 걱정이 되지."

"그냥 아빠 인생을 멋있게 살아, 돈은 중요한 것이 아니야."

"그래?"

"아빠가 하고 싶은 일 다 하면서 살아. 그게 돈보다 더 값진 일이야."

"음…. 그래."

지율이가 중학교를 갓 졸업했을 때, 운전을 하고 있던 나에게 했던 말이었다.

그 말을 듣고 내가 머리를 세게 얻어맞은 것처럼 멍했던 이유는 내가 늘 지율이에게 해 주던 이야기였기 때문이었다.

아빠에게 하고 싶은 일을 다 하면서 살라는 지율이의 아무렇지 않은 그 말이 참 새롭게 느껴진다. 마치 깊은 산속에서 암자를 지키고 있던 주지 스님이 깨달음을 얻기 위해 입산했던 행자에게 했던 말처럼, 내 입장에서는 또 한 번 깊이 있게 인생을 생각해 볼 수 있도록 해 준 말이었다.

나답게 사는 것이 제일 좋다.

물질적 풍요에 집착하지 말고, 지금처럼 내면의 풍요에 집중한다면 지금의 경제적인 어려움도 일정 부분 해결되지 않을까 소박하게 기원해 본다.

아빠가 돈을 잘 벌지 못하는 것을 알고 있고, 자신의 환경이 풍족하지 않다는 것을 누구보다 잘 알고 있는 지율이는 그렇게 무심한 듯 아빠를 위로하고 격려했다.

또 한편으로는 우리 아버지에게 너무 죄송했다.

평생 가족들을 위해 온갖 희생을 해 온 아버지에게 나는 왜 지율이처럼 그런 이야기들을 하지 못했을까? 어렸을 때는 아버지의 희생을 당연시 생각하고, 성인이 되고부터는 먹고사는 것이 바쁘다는 이유로 아버지와 자주 연락을 하지 않는 나의 불효가 그저 죄스러웠다.

내가 만약 수십 년 전 우리 아버지에게 지율이처럼 아버지의 삶을 위로하고 격려했다면, 우리 아버지도 지금의 나처럼 가슴이 벅차지 않았을까?

지율이의 말 한마디에 고령의 아버지가 생각나서 갑자기 울컥했다. 결혼을 해서 자식을 낳고 나서야 비로소 알게 되었다. 아버지의 삶을 흉내조차 낼 수 없다는 사실을 말이다.

5

아들이 자존감이 높다는 사실을 알게 된 계기

"아빠, 오늘 엄청 더웠어. 집이 완전 찜질방이야. 하하하"

무더위가 한창 기승이었던 어느 날 저녁, 집에 들어가니 지율이가 팬티 바람으로 거실에 나와 너털웃음을 지으며 말했다.

"그래?"
"응, 아빠 우리 내년에는 에어컨 하나 사자, 너무 더워."
"그래, 내년에는 꼭 사자."

믿기 어렵겠지만 우리 집에는 아직 에어컨이 없다. 나도 그렇고 지율이도 땀이 많은 체질인데, 아이러니하게도 우리 집은 지난 17년 동안 에어컨이 없었다.
특별한 이유가 있었던 것은 아니다.
아내는 체질적으로 에어컨 바람을 싫어하고, 나 또한 회사에 있는 시간이 많아 굳이 에어컨의 필요성을 느끼지 못했기 때문에 그냥저냥 여름을 지내 왔다.

그런데 막상 무더위가 한창 기승일 때면 내년에는 꼭 에어컨을 사자고 이야기하지만, 더위가 좀 지나고 나면 지율이는 거짓말같이 매년 똑같은 이야기를 했다.

"아빠, 올해 여름은 그래도 좀 지낼 만했던 것 같아."

"그래?"

"응, 작년에는 진짜 더웠는데 말이야."

"내년에는 에어컨을 살까?"

"아이 뭘 사, 올해 여름도 버텼는데 내년 여름이 작년처럼 덥지는 않을 것 아니야?"

"그런가? 그래도 하나 설치하는 게 낫지 않겠어?"

"아빠, 괜찮아. 그건 별로 중요하지 않은 것 같아."

개인적으로 지율이가 자존감이 높다고 생각한 이유는 에어컨이 없는 자신의 환경을 불행이 아닌 불편으로 인식하고 있다는 것이었고, 그 불편조차도 자신의 삶에 크게 영향을 끼치지 않는다고 생각하는 거였다.

다른 아이들 같았으면 우리 집은 왜 에어컨이 없냐며 덥다고 짜증을 부렸을 법도 한데, 지율이는 한 번도 에어컨 때문에 얼굴을 붉힌 적이 없다.

'불행'이 주관적, 상대적 환경을 이야기한다면, '불편'은 그냥 자신이 마주해야 할 일상이다. 자존감이 높은 아이들의 특징 중에 하나는 외부의 환경을 비관적으로 받아들이지 않는다는 것이다.

그런 아이들은 성장할수록 외부의 시선에 민감하게 반응하기보다, 오로지 자신의 삶에 집중할 가능성이 높다. 가장 중요한 것은 환경이 아닌 본인이기 때문이다.

그래서 나는 부모들에게 자녀들이 성장하면서 환경의 결핍을 자연스럽게 인식할 수 있도록 해야 한다고 강조한다. 그런데 일부의 부모들은 자녀들이 원하는 것을 다 들어주는 것이 사랑이라고 생각한다.

인간의 욕망이 끝이 없듯이 부모들이 제공하는 과도한 환경이 자녀들에게 당연한 것으로 인식된다면, 사소한 불편을 불평과 불만으로 확대해서 불행으로 인식할 수 있기 때문이다. 부모들이 관심을 가지고 한 번쯤 생각해 볼 문제다.

"

"지율아, 그 벨트는 버리는 게 낫지 않겠어? 다 해졌네. 아빠 벨트 많으니까 이 벨트는 버리고 아빠 꺼 쓰는 게 어때?"

"됐어."

"지율아, 아빠 벨트 다 쓸 만해."

"괜찮아 엄마, 해졌어도 나는 하던 게 편해."

"

"지율아, 이제 그 운동화는 버리자."

"왜?"

"운동화가 너무 낡았잖아. 누가 보면 손가락질하겠어. 새 운동화도 있는데 왜 아직도 그걸 계속 신고 다니는 거야?"

"엄마, 그건 별로 중요한 게 아니야. 발이 편해서 그래."

"너무 누더기 신발이잖아. 엄마는 이제 그 신발은 버렸으면 좋겠다. 새 신발도 신다 보면 적응이 돼서 편해질 거야."

"괜찮아 엄마. 내가 알아서 할게."

"

누가 봐도 버려야 될 운동화를 아무렇지 않게 신고 다니고 있는 지율이에게 아내는 이야기했다.

아내가 벨트에 이어 운동화까지 버리자고 했음에도 불구하고, 지율이는 별로 중요한 게 아니라고 이야기하며 그날도 그렇게 다 해진 벨트를 허리에 차고, 낡은 운동화를 신고 학교로 향했다.

지율이가 자신의 물건들을 끝까지 버리지 않고 고집하는 이유는 다소 낡았지만 각자의 기능을 수행하는 데 크게 불편하지 않고, 남들의 시선을 크게 신경 쓰지 않는다는 본인만의 표현이기도 하다.

어쩌면 지율이는 외적인 자신의 모습보다 내적인 모습에 더 신경을 쓰고 있는지도 모르겠다.

6

아들이 인생의 동반자가 되어 가는 순간

올 초에 공부를 하기로 마음먹었다. 30여 년 만에 책을 펴고 공부를 하는 것은 사실 쉽지 않았다. 더욱이 수백 개의 인터넷 강의 목록과 사전만큼이나 두꺼운 교재는 보는 것 자체로도 숨이 막히고 부담스러웠다.

지율이를 아침마다 학교에 데려다주고 본격적으로 도서관으로 출근해서 저녁때까지 공부를 했지만, 역시 나에게 공부는 이상과 현실의 괴리감이 너무 컸다.

아무리 인터넷 강의를 듣고 외운다 해도 뒤돌아서면 잊어버리니, 과연 내가 잘 해낼 수 있을까 하는 불안감이 드는 것은 어쩔 수 없는 일이었다.

"아빠, 공부해 보니까 어때? 잘 돼?"

"모르겠어, 나이를 먹어서 그런지 잘 안되는 거 같아."

"아빠, 원래 쉽지 않은 거야."

"그래? 그렇지?"

"그래도 아빠, 의심하지 마, 아빠 자신을 믿어, 잘 해낼 거야."

"그래, 고맙다."

어느 날 새벽 1시가 넘어서 집에 돌아온 지율이가 내가 하고 있는 공부에 대해 물어보며, 나에게 뜻하지 않은 이야기를 했다. 그런데 생각해 보면 지율이가 나에게 했던 이야기들은 내가 늘 지율이에게 해 주던 이야기들이었다.

"지율아, 너 자신을 의심하지 마. 너 자신을 믿어."

"아빠, 자신을 의심하지 마. 아빠를 믿어. 아빠는 잘 해낼 거야."

우리는 공교롭게도 똑같은 언어적 표현으로 서로를 응원하고 있었다.

각자가 처한 환경은 조금씩 다를 수 있겠지만, 목표를 이루기 위한 간절함은 똑같을 것이다.

누군가가 내가 처한 환경을 이해해 주고, 나의 고민을 알아준다는 것은 그 자체만으로 위안이 되곤 한다.

공부하는 것이 안타까워서, 위로해 주고 싶어서, 응원하고 싶어서 지율이에게 해 줬던 이야기들은 고스란히 부메랑이 되어 나를 위로하고, 응원하고, 격려해 주었다.

세상 물정 모르고 어리게만 생각했던 아들이 시간이 흘러갈수록 내 인생의 동반자가 되어 가고 있다.

7

서로가 서로를 바라보는 애틋함

"소장님은 우울하거나 그러지 않으세요?"

"저도 사람인데, 당연히 감정 기복이 있지요."

"그럼 그걸 어떻게 극복하세요?"

"글쎄요, 그냥 감정이 흐르는 대로 놔두는 편입니다."

사람들의 대부분은 내가 강철 멘탈을 가졌다고 생각한다. 실제로 감정에 쉽게 흔들리지 않고 감정 기복 없이 평정심을 유지할 것이라고 생각하지만, 나 또한 평범한 사람들처럼 하루에도 수십 번씩 감정의 파도에 휩쓸린다.

"당신, 무슨 일 있어?"

"아니, 왜?"

"며칠 전부터 표정이 별로 안 좋은데?"

"아니야…."

"지율이가 아주 난리야, 아까 카카오톡 메시지도 왔어."

"왜?"

"지율이가 보기에도 요즘 당신 표정이 별로 안 좋은 것 같으니까, 아빠한테 무슨 일이 있냐고 물어보더라고."

"음….."

"지율이가 당신을 얼마나 생각하는 줄 알아?"

"그래?"

"아빠가 조금이라도 표정이 안 좋거나, 기가 죽어 있는 모습을 보면 얼마나 안타까워하는지 몰라."

"음….."

"지율이가 당신을 얼마나 자랑스러워하는데, 아빠는 정말 대단한 사람이라고 몇 번이나 이야기를 했었어."

"그래?"

"기운 내. 이제 잘될 거야. 지율이뿐만 아니라 우리 가족 모두 당신을 응원하고 지지하니까 말이야. 돈이야 뭐 있다가도 없고, 없다가도 있는 건데 돈 때문에 기죽어 있지 않았으면 좋겠어. 가슴 아프니까. 알겠지?"

"그래."

모든 일들을 평온하게 받아들이는 것은 생각처럼 쉬운 일이 아니다.

더욱이 그것이 경제적인 문제라면, 가장으로서는 당연히 위축될 수밖에 없다.

내 성향상 우울증을 앓지는 않겠지만, 적어도 환경에 의한 위축은 수없이 반복된다. 그럴 때마다 마치 커다란 장벽에 마주한 것 같은 답답함과 자괴감이 드는 것은 사실이지만, 일일이 그러한 나의 심리적인 감정을 표현할 수는 없다.

가족들에게는 숨기고 숨긴다고 하면서도 내 표정에는 그대로 배어 있
나 보다.

지율이가 눈치를 채는 것은 당연한 거다.

'난 아빠가 정말 잘되었으면 좋겠어.'

지율이가 나한테 했던 이야기의 의미를 나는 알고 있다.

단순히 아빠가 돈을 많이 벌기를 바라는 것이 아니라, 동시대를 살아
가는 한 사람으로서 자아실현을 했으면 하는 마음이라는 것을 말이다.

언제부터인가 우리는 서로의 인생을 열렬히 응원하고, 지지하고 있다
는 사실을 알게 되었다.

신이 인간이라는 동물에게 언어라는 도구를 준 것은 자신의 감정을 마
음껏 표현하라는 의미일 것이다. 지율이가 태어나고 성장하면서 나는
끊임없이 지율이에게 사랑을 표현해 왔다.

어쩌면 지율이와 내가 서로 애틋하게 상대를 바라보는 것은 부모 자식
간의 사랑이라는 단어로 파생된 형용할 수 없는 표현 때문일 것이다.

8

아들의 다짐

"이번 겨울 방학부터 수학하고 영어 학원비가 각각 30만 원정도 올랐어."

"그래?"

"응, 지율이가 겨울 방학 동안 수학 학원에 매일 나가겠다고 해서 금액이 올랐고, 영어 학원도 이제 고3 수능 대비반이 되었다고 학원비가 올랐대."

"그래도 다녀야지."

"응, 다른 아이들은 윈터 스쿨이라고 해서 몇백만 원씩 내고 학원에 다니는데, 이거라도 해 줘야지."

"그래."

"지율이가 학원 비용 늘어나는 것이 걱정되니까 방학 동안 수학 학원에 매일 나가도 되겠냐고 미리 물어보더라고. 그래서 알겠다고 이야기하니까 고맙다고 말하더라고."

"뭐가 고마워?"

"그러니까 말이야, 그러면서 이런 이야기를 하더라고."

"어떤 이야기?"

"내년에 대학교 꼭 한 번에 붙겠다고 말이야, 나 보고 걱정하지 말라고 하더라고."

"……."

돌이켜 보면 지율이는 우리 부부에게 제공받는 환경을 한 번도 당연하다고 생각한 적이 없었다.

그래서 가족을 위해 맛있는 음식을 차려 주는 엄마에게 늘 감사함을 표현했고, 아침마다 학교에 데려다주는 나의 수고에 항상 고마움을 표현했다.

내년에 꼭 한 번에 합격하겠다는 지율이의 그 마음이 어떤 마음인지 나는 알고 있다.

자신으로 인하여 혹시나 엄마 아빠가 힘들지 않을까 하는 마음이 지율이의 의지를 더 강하게 만들고 있다고 생각하지만, 한편으로는 아빠로서의 무능력이 오히려 지율이를 더 위축시키는 것은 아닌지 그저 미안할 뿐이다.

지율이가 다짐을 했다.

지율이의 바람대로 원하는 대학을 한 번에 합격할 수 있을지는 모르겠지만, 지율이는 적어도 다른 아이들보다 더 절실한 심정을 나타냈고, 그절실함은 분명 자신을 컨트롤하는 새로운 동기 부여가 될 것이다.

지율이는 대학 입시라는 인생의 첫 번째 도전을 앞두고 있다. 도전은 성공의 의미가 아닌 과정으로의 의미로도 충분히 박수를 받아야 한다.

자신의 한계를 깨닫고 그 한계를 뛰어넘으며 자신의 목표를 이루기 위한 과정을 겪고 있는 지율이의 도전을 지켜보며, 내 인생의 목표도 다시금 세워 본다.

살아온 날보다 살아갈 날들이 더 많은 우리의 밝은 미래를 위하여. 너의 도전을 응원하고, 내 삶을 응원하겠다.

아빠도 너만큼 뜨거워지겠다.

VI

알고 보면
우리도 부모가 처음

1

사춘기 자녀와의 갈등을 바라보는 인식

마블 스튜디오에서 제작한 〈캡틴 아메리카: 시빌 워〉 편을 보면 아이언맨과 캡틴 아메리카가 서로 죽일 듯이 대립하고 싸우는 장면이 나온다. 심지어는 히어로들이 서로 편을 먹고 단체로 패싸움을 벌이기도 한다. 비슷한 히어로 영화인 〈배트맨 대 슈퍼맨: 저스티스의 시작〉 편도 마찬가지다.

불과 얼마 전까지만 해도 지구의 평화를 위하여 함께 싸워 왔던 영웅들이 사소한 감정 대립으로 대치하고 싸운다. 영화가 아무리 갈등을 봉합하는 과정의 카타르시스를 주는 것이 흥행의 한 요소라 할지라도 다소 이해하기 어려웠다.

하지만 곰곰이 생각해 보면 인간관계에서의 오해와 갈등은 숙명적으로 마주해야 할 사안이다.

단순히 개인의 감정 대립으로 치부할 것이 아니라, 각자가 가지고 있는 세계관의 충돌이라고 표현하는 것이 더 정확하다.

어쩌면 사춘기 자녀들을 키우고 있는 부모들은 이러한 과정을 반복하고 있는지도 모르겠다.

자녀들과의 심각한 갈등을 겪고 있는 부모들에게 나의 경험을 이야기하며 해결 방법을 공유해 보지만 그저 내 경험일 뿐, 뾰족한 해결책이라고 자신 있게 이야기할 수도 없다.

방송에서 자주 나오는 어느 전문가는 자녀와의 '정서적 독립'을 강조하고 있지만, 현실에서는 참 쉽지 않은 결정이다. 자녀의 미래가 뻔히 예상되는 선택을 자녀들이 고집한다면 부모 입장에서는 난감할 수밖에 없다. 암울한 결과가 예상됨에도 불구하고 자녀들의 선택을 존중해 줘야 하는지, 아니면 부모들의 생각을 강력하게 주장해야 하는지 말이다.

생각해 보면 사춘기 자녀들과 부모들에 갈등의 핵심은 앞서 이야기한 영화들의 사례처럼 세계관 충돌과 비슷하다. 세계관의 충돌은 가치관의 대립이고, 가치관의 대립은 숱한 오해와 함께 대화의 단절을 의미하고, 대화의 단절은 결국 서로의 불신으로 이어진다.

현실에서는 그러한 갈등 해결을 위한 뾰족한 해결책이 없다고 망연자실하지만, 다행히 영화에서는 갈등 해결의 단초도 제공한다.

아이언맨과 캡틴 아메리카, 배트맨과 슈퍼맨이 각자의 세계관 충돌로 인하여 극한 대립을 극복할 수 있었던 가장 큰 이유는 각자의 세계관이 조금씩 다르지만 그들의 공동 목표이자, 거대한 담론은 '악을 응징하고 지구를 지킨다.'라는 명제였기 때문이다. 처음에는 세계관의 충돌이 극한 대립과 갈등으로 확대되었지만, 그러한 충돌은 공존으로 결합되어 각자의 공동 목표를 달성할 수 있는 모멘텀이 된 것은 아닌가 생각해 본다.

사춘기 자녀들과의 갈등이 지금 당장은 부모들과의 세계관 충돌이라고 생각할 수 있겠지만, 궁극적인 목표가 같다면 충돌이 아니라 공존이 될 수도 있다.

그러기 위해서는 무작정 자녀들의 세계관을 이해할 수 없다고 이야기하기보다, 개체로서의 존재를 인정하고 서로 공존할 수 있는 접점을 찾는다면 그 과정을 통해 공동의 목표 달성을 위한 더 나은 결과를 얻을 수도 있을 것이다.

공동의 목표는 자녀들의 행복이다. 부모들은 자녀들이 더 행복해지기를 바라는 마음으로 조언하고, 자녀들은 자신의 행복을 위하여 고민하고 선택하는 것이다.

부모는 자녀들과의 갈등을 두려워해서는 안 된다. 이는 부모가 살아가면서 당연히 마주해야 할 숙명이며, 그 과정은 또 다른 긍정적인 결과를 얻기 위한 통과의례이기 때문이다.

자녀들과의 갈등이 발생되었을 때 부모들이 가장 먼저 확인해야 될 것은 자녀들과 함께 공동의 목표를 확인하고, 부모들의 마음을 자녀들에게 표현하는 것이다.

결국 거대한 담론 앞에 사소한 갈등은 부차적인 것일 뿐이라는 이야기다.

갈등은 충돌이 아니라, 공존이다.

2

대화의 핵심은 상호 작용

"소장님, 아들이 소장님을 만나고 나서 저한테 이런 이야기를 하더군요."

"어떤 이야기를 하던가요?"

"소장님이 자신의 마음을 알아주는 유일한 사람이라고요."

"아, 그래요?"

"소장님이 아들과 어떤 대화를 나누셨길래, 그렇게 이야기를 했을까요?"

"특별히 제가 아들에게 한 이야기는 없었습니다. 그냥 아들의 관심사를 물어보고, 이야기하면서 자연스럽게 속마음의 대화로 확대되었던 것뿐입니다."

"네에, 저나 남편에게는 자신의 속마음을 이야기하지 않던 아들이 그날 처음 본 소장님께 이야기를 했다는 것이 너무 신기해서요."

"음…… 대화에도 전략과 기술이 필요합니다. 적어도 상대방의 마음을 알기 위해서 대화를 시도한다면, 내가 먼저 마음을 열고 털어놓아야 합니다. 결국에 대화는 상호 작용으로 이루어지는 겁니다. 일방적으로 상대방에게 자신의 생각을 이야기하라는 것은 상호 작용이 아닌 강요가 될 수 있습니다."

"맞습니다. 소장님! 아들은 소장님을 만나고 나서 조금씩 달라지고 있는 것 같습니다. 예전보다 훨씬 더 밝아진 것 같고요."

"그래요? 하지만 아직은 일시적인 현상일 뿐입니다. 다만 가족이 아닌 다른 누군가가 자신의 이야기를 들어주고, 응원해 주고 있다는 그 사실만으로도 아들에게 큰 힘이 될 것입니다."

"소장님 정말 감사합니다. 아들의 학교폭력 과정을 겪으면서 많은 사람들에게 상처를 받았는데, 저희 가족은 소장님에게 위로와 위안을 받고 있습니다. 그저 감동입니다."

"너무 걱정하지 마세요. 아들은 지금 과정을 겪고 있는 것뿐입니다."

"알겠습니다. 소장님."

대부분의 부모들은 자녀들에게 자녀의 의견과 생각을 일방적으로 물어본다.

자녀들의 입장에서는 아직 내 생각과 의견이 정리되지 않은 상태에서 섣불리 이야기하는 것이 부담스러울 수도 있다. 더욱이 자신의 생각과 의견을 이야기한다 하더라도, 부모들에게 묵살당하지 않을까 하는 불신을 가지고 있다면 자녀들의 입장에서는 입을 닫을 수밖에 없는 것이다.

사춘기 자녀들과의 대화에도 전략과 기술이 필요하다.

부모는 자녀들의 성향과 관심사를 먼저 파악해야 한다. 그것이 선행되지 않으면 대화는 겉돌 것이며, 어느 한쪽의 일방적인 대화가 될 것이다.

자녀들과 대화할 때는 직관적인 표현도 중요하지만, 때로는 은유적이고 해학적인 표현도 곁들여야 한다.

표현의 방식에서 유쾌하게 인식될 수 있는 은유적이고 해학적인 표현을 적절히 활용한다면, 그 대화만큼 즐거운 대화는 없을 것이다. 얼굴을 붉히며 이야기할 수 있는 대화도 기분 나쁘지 않게 할 수 있다는 말이다.

단 한 번의 대화로 자녀들의 모든 것들을 파악할 수는 없다.

부모가 적절한 대화의 기술과 전략을 활용한다면 자녀들은 부모들이 생각하는 그 이상만큼 표현하고 이야기할 것이다.

자녀들이 말을 하지 않는다고 걱정하는 대부분의 부모들은 이러한 전략과 기술 없이 일방적으로 대화를 강요하기 때문이다. 모든 대화는 상호 작용에서 시작되어야 하고, 그 상호 작용은 부모들의 전략과 기술에서 파생된다.

3

복기는 마음 성찰 훈련

"

"제가 보기에는 아버님, 아버님은 아들의 학교폭력 사안을 제대로 알고 있지 못하는 것 같습니다. 혹시 이러한 사실을 아들에게 직접 들은 건가요?"

"아니요, 아내를 통해서 들은 겁니다."

"음… 아들과의 유대 관계는 어떤가요?"

"아들과의 관계는 좋습니다. 저는 되도록이면 아들에게 최대한 자율을 주려고 하긴 하는데 가끔 잔소리를 좀 합니다. 그 외에는 아들과 함께 운동도 하려고 노력합니다."

"어떤 운동이요?"

"등산도 함께 가고……."

"등산이요? 혹시 아들도 등산 가는 것을 좋아하던가요?"

"글쎄요? 아무래도 등산이 체력을 키우는 데 좋을 것 같아서 제가 가자고 하는 겁니다."

"자, 아버님."

"네."

"직장 상사가 등산이 취미라서 주말마다 아버님에게 등산을 가자고 한다면 어떻게 하시겠습니까?"

"마지못해 따라가겠죠?"

"아들의 심정이 그럴 수도 있습니다."

"아, 무슨 말씀이신지 알겠습니다."

"

"

"소장님, 남편과 딸은 사이가 무척 좋았습니다."

"그런가요?"

"그런데 사실 얼마 전에 남편이 딸에게 체벌을 했습니다."

"딸을 때렸다고요?"

"네에…."

"왜요?"

"거짓말을 해서요……."

"음… 그 거짓말이 체벌을 당할 만큼 심각한 거짓말이었나요?"

"아니요. 그렇지는 않았는데….."

"어머님, 그전에는 사이가 좋았을지 모르겠지만, 이미 남편이 딸에게 체벌을 하는 그 순간부터 부녀간의 신뢰는 깨진 겁니다. 아마 그전에도 유대 관계는 좋지 않았을 거라고 생각됩니다."

"……."

"

"

"소장님, 저희 남편은 아이들과 잘 놀아 줍니다."

"네, 그렇군요."

"그러면 아들이 남편과 대화를 많이 하겠네요?"

"아니요, 그렇지는 않습니다."

"왜요?"

"아, 남편이 좀 욱하는 성격이 있어서 잘 지내다가도 한 번 화가 나면 아이들을 무섭게 혼내곤 합니다. 그래서 아들이 아빠와 대화를 잘 하려고 하지 않습니다."

"음… 어머님."

"네?"

"아들과 남편의 관계가 표면적으로만 좋아 보일 뿐이지, 아들은 아빠를 무서워하고 있는 것입니다. 관계가 좋은 것이 아니라, 그냥 아빠이기 때문에 순응하고 있는 것뿐입니다."

"

학교폭력 상담을 하면서 부모들에게 자녀들과의 유대 관계를 물어보는 것은, 부모와의 유대 관계 여부에 따라 자녀들의 상처 치유가 결정되기 때문이다.

대부분의 부모들은 자녀와의 유대 관계가 좋다고 이야기를 한다.

그러나 상담을 좀 더 이어나가다 보면 생각보다 자녀들과의 유대 관계가 좋지 않은 경우가 꽤 많이 있다. 그럼에도 불구하고 부모들은 왜 자녀와의 유대 관계가 좋다고 이야기하는 것일까?

일단 표면적으로 갈등이 표출되지 않았기 때문에 갈등의 불씨조차 없다고 생각한다.

그러나 표면적으로 갈등이 분출되지 않았다는 것은 갈등의 불씨가 없는 것이 아니라, 수면 아래에 숨겨져 있다는 의미일 수도 있다.

부모들에게 지속적으로 성찰을 강조하고 있지만, 상담을 하면서 자녀의 양육 방식과 자녀 교육에 대해서 이야기하는 것은 사실 조심스럽다.

자녀 교육관은 부모들의 가치관과 연결되어 있기 때문에 제3자가 함부로 이야기를 했다가는 오히려 반감이 더 커질 수 있기 때문이다.

그럼에도 직설적으로 부모들에게 이야기를 하는 이유는 세상은 급속도로 변하고 있고, 자녀들의 지식 정보를 습득하는 환경도 다변화되고 있는 상황에서 부모들이 수십 년 동안 쌓아 온 삶의 방식과 가치관을 일률적으로 자녀들에게 적용한다면, 성장하면서 부모들과의 갈등과 충돌이 어쩌면 당연한 것일 수도 있기 때문이다.

부모들의 생각이 유연해질 필요가 있다. 자녀들의 성향에 최적화된 방법이 무엇인지 고민해 보아야 하고, 현재 부모들의 교육관이 자녀들에게 어떤 영향을 끼치고 있는지도 생각해 보아야 한다. 그러한 성찰 없이 부모들이 획일적이고 일률적인 자신들의 생각을 주입하게 된다면, 자녀들이 부모가 원하는 삶을 살 수는 있겠지만, 정작 중요한 자녀들의 삶은 온전히 누리지 못할 수도 있다.

프로 바둑 기사들이 대국이 끝나고 나면 복기(復碁)를 통하여 자신의 실수를 되짚는 것에는 이유가 있다. 이는 단순히 실수를 줄이기 위해서이기도 하지만 궁극적으로는 자신의 성찰을 통해 마음을 다잡는 훈련 방법이기 때문이다.

결국 성찰은 자녀들을 위한 것이기도 하지만, 부모들을 위한 마음 훈련이기도 하다.

4

상처의 기억은 잊혀지는 것이 아니라
무뎌지는 것이다

지율이가 중학교를 졸업할 무렵, 진학할 고등학교를 선택할 때였다.

우리 지역은 평준화 지역이라서 본인들이 가고 싶어 하는 고등학교를 1지망부터 16지망까지 쓰고 지망 순위에 따라서 고등학교를 배정받는 방식이다.

1지망은 당연히 집에서 가까운 고등학교를 지원할 줄 알았는데 지율이는 걸어서 20분 정도 되는 거리에 위치한 고등학교를 1지망으로 써 넣었다.

처음에는 의아해했었는데 나중에 알고 보니, 집에서 가까운 고등학교에는 2년 전 지율이를 폭행했던 1년 선배 학생들 일부가 다니고 있었다는 것이다.

그 사실을 알고 나서 지율이가 학교폭력의 상처를 완전히 극복했다고 당연하게 생각하고 있었던 나 자신에게 놀랐다.

지율이는 상처를 극복한 것이 아니라, 그 기억을 혼자 묵묵히 견뎌 내고 있었는데 말이다.

돌이켜 보면 나는 나쁜 기억은 절대 지워지지 않는다는 중요한 사실을 간과하고 있었다.

기억을 저장하는 뇌의 일부를 절제하지 않는 이상, 그 나쁜 기억은 절대 잊히지 않음에도, 난 그저 오랜 시간이 흐르면 자연스럽게 상처에서 벗어날 것이라고 스스로 단정 지었고, 지율이의 입장을 고려하지 않은 채, 그저 빨리 잊기를 바라는 마음이었는지도 모른다.

지율이는 그동안 학교폭력의 상처를 극복하고 그 기억을 잊은 것이 아니라, 스스로 감내하고 있었을 뿐이다. 나는 그 중요한 사실을 간과하고 있었다.

학교폭력의 상처를 입은 자녀들에게 부모들이 해야 할 일은 매번 자녀들에게 기억을 잊었는지 확인하는 것이 아니라, 뇌에 저장된 상처의 기억들을 상대적으로 작게 만들어 줘야 하는 것이 아닌가 생각해 본다.

억지로 잊으라고 하면 할수록 그 기억은 새순처럼 새롭게 돋아날 것이고, 시간이 지나면 잊힐 것이라고 이야기할수록 시간이 흐른 만큼 배가 되어 상처의 기억이 더 커질 수 있다.

상처의 기억들을 무디게 하기 위해서는 행복하고 즐거운 기억들로 채워서 행복한 감정이 상처의 기억들을 먼저 지배할 수 있도록 해야 한다.

설사 상처의 기억들이 나의 감정을 지배한다 하더라도, 행복하고 즐거운 기억들이 많아진다면 상처의 영향력은 상대적으로 미치지 못할 것이다.

행복의 개념을 다시금 정리해야 하고, 즐겁고 소소한 일상의 기억들을 만들어 나가야 한다.

그러한 기억들은 결국 상처의 기억을 뇌에서 밀어내는 작용을 할 것이고, 상처를 무뎌지게 하는 항생제 역할을 하게 될 것이다.

몇 방울의 잉크로 혼탁해진 물을 정화하기 위해서는 더 많은 물을 부어야 하듯이 말이다.

상처의 기억은 잊히는 것이 아니라, 무뎌지는 것이다.

결국 부모와의 원만한 관계와 가정에서의 행복을 느끼며 자녀의 상처는 조금씩 무뎌져 간다.

5

행복의 조각

"제가 보기에는 이 사안은 절차대로 진행하면 될 듯합니다."

"그러면 될까요? 소장님?"

"네, 학교폭력으로 신고하고 나서 학교폭력대책심의위원회 준비를 하세요. 그리고 그 절차보다 더 중요한 것이 있습니다."

"어떤 건가요?"

"아들의 심리적인 상처 치유에 더 집중해야 합니다."

"그러지 않아도 아들은 지금 정신과에 다니고 있습니다. 어떻게 치유해야 할까요? 소장님."

"아들의 심리적인 상처의 주된 이유는 가정의 해체입니다."

"네, 알고 있습니다."

"물론, 부모의 이혼이 자녀들에게 끼치는 영향이 큰 것은 사실입니다. 그러나 예전처럼 저는 절대적이라고는 생각하지 않습니다. 왜냐하면 요즘 한 부모 가정이 주변에 많이 있고, 받아들이는 체감이 다르다면 충분히 극복할 수 있기 때문입니다."

"네."

"아들은 지금 분노와 무기력이 동반되어 있습니다. 그 분노는 아빠에 대한 분노이고, 무기력은 자신이 불행하다고 인식하면서 나타나는 현상입니다."

"소장님, 제가 어떻게 해야 할까요?"

"첫 번째, 어머님이 행복한 모습을 보여야 합니다."

"제가요?"

"네, 일단 부모가 이혼은 했지만, 엄마가 이혼하기 전보다 더 행복한 모습을 보인다면 아들의 입장에서는 위안을 삼을 수 있습니다. 그런데 '이혼하고 나서 엄마가 더 불행하다.'라는 인식을 갖게 된다면 아들은 아빠에 대해서 원망할 것이고, 그 원망은 분노로 확대될 것입니다. 그래서 어머님이 예전보다 더 행복하다는 인식을 아들에게 심어 주어야 합니다."

"두 번째는 행복의 조각들을 찾아야 합니다."

"행복의 조각이요?"

"네, 아들이 현재 자신의 일상에서 소소하게 즐거움을 느낄 수 있는 것들을 어머님과 함께 찾아야 합니다. 그러한 조각들이 하나둘씩 모이면 하나의 덩어리가 되고 행복의 개념이 됩니다."

"음…. 어떤 것들이 있을까요?"

"예를 들어서, 아들과 함께 풍경 좋은 카페에 가서 즐거운 이야기를 한다거나, 아들이 좋아하는 음식을 함께 먹는다거나, 일상에서 함께 공유할 수 있는 것들을 찾아보세요. 대신에 대화의 주제는 좋았던 기억들에 대한 이야기로 해야 합니다."

"네, 알겠습니다. 소장님. 그렇게 해 보겠습니다."

초등학교 5학년 아들이 학교폭력을 당하고 나서 피해 자녀 어머님과 상담했던 내용이다. 대부분의 사람들은 [이해준학교폭력연구소]의 상담이 학교폭력 처리 절차에 대해서만 국한되어 진행하는 것으로 알고 있다.

하지만 실제 상담에서의 주된 내용은 학교폭력에 대한 처리 절차보다, 자녀의 심리적 상처 치유와 자녀 양육 방식 등에 관한 내용이 대부분이다.

상담을 하다 보면 부모들에게 행복의 개념에 대해 물어보는 경우가 있다. 그런데 의외로 대부분의 부모들은 그 개념에 대해서 정확하게 정의를 하지 못한다.

행복은 작은 여러 조각들이 유기적으로 결합되어 뇌에서 화학적 작용을 일으키는 감정의 복합체이다. 그런데 대부분의 사람들은 하나의 물질로 이루어졌고, 그 물질이 이루어지기 위해서는 당연한 전제 조건이 있어야 한다고 생각한다.

경제적으로 풍요로워져야 하고, 지금의 갈등이 완벽하게 해결되어야 하고, 가정이 화목해야 하고, 아무 걱정이 없어야 하고 등등의 여러 전제 조건들을 내세워 자신들의 행복을 재단하고 있다. 또한 전제 조건을 모두 달성했다고 해서 우리가 행복해지는 것은 아니다. 전제 조건은 인간의 또 다른 욕망이기 때문이다.

지금 행복해져야 한다.

그러기 위해서는 우리 주변에 무수히 널려 있는 행복의 조각들을 모아야 한다. 물론 작은 조각이기 때문에 행복이라는 감정의 지속 시간이 짧을 수밖에 없다.

그러나 한두 개가 아닌 수백 개의 조각들을 찾는다면 지속 시간은 더 길어질 것이다.

"소장님, 저는 행복하지 않은 것 같습니다."

"행복의 작은 조각들을 찾아 모아 보세요. 수백 개의 조각들이 모여지는 순간, 어떠한 위기에서도 버틸 수 있는 든든한 버팀목이 되어 줄 것입니다."

상담하면서 부모들에게 항상 해 주는 말이다.

6

우리 가족의 대화 방식

보통 퇴근 후, 집에 들어가면 아내에게 그날 있었던 일들에 대해서 이야기를 하는 편이다.

외부 강연이 있었을 경우에는 참석자들의 반응과 강연에 대한 후기를 이야기하고, 학교폭력 상담을 할 경우에는 상담에 대한 내용들에 대해서 아내와 최대한 공유를 하고 있다.

하나둘씩 그날 있었던 일상에 대해서 이야기를 하다 보면 자연스럽게 대화의 주제는 확대되고, 아내와 즐겁게 이야기를 하게 된다.

아내의 웃음소리가 크게 들리는 순간이면 어느새 아들과 딸은 방에서 나와 아내 옆에 앉는다. 그리고 우리 부부가 무슨 이야기를 하고 있는지 귀를 쫑긋 세우며 관심을 가진다.

그러면서 자연스럽게 대화에 참여한다. 최근에 학교에서 있었던 일들, 친구들하고의 관계, 성대모사, 자신이 좋아하는 걸그룹의 노래와 춤을 이야기하면서 웃음꽃이 피어난다.

단순히 나의 일상을 공유하고자 했던 아내와의 대화는 자연스럽게 각자의 일상 공유로 확대되고, 예전에 즐거웠던 일들을 하나둘씩 소환하여 이야기하다 보면 시간 가는 줄 모른다. 대화가 도저히 끝날 기미가 보이지 않아 슬그머니 자리에서 일어나려고 하면, 아들은 재미있는데 어딜 가냐며 이야기를 더 하자고 내 앞을 가로막는다.

　외부 강연을 하다 보면 일부의 부모들은 자녀들이 말을 하지 않는다고 고민을 털어놓는다.
　그런 경우 그분들에게 부부간의 대화가 먼저 이루어져야 한다고 강조한다.
　자녀들이 말을 하지 않는 이유는 대화 자체가 어색하고 익숙하지 않기 때문이며, 대부분의 그러한 가정은 부부간의 대화도 형식적이기 때문이다.
　대화와 의사소통을 구분해야 한다. 대화는 상대방의 생각을 공유하는 것임에도 불구하고, 대부분의 부모들은 의사소통을 대화로 인식한다.
　"밥 먹었어?" "공부했어?" "학원 다녀왔어?" 이건 대화가 아니라 의사소통일 뿐이다.
　또한 특정한 주제를 가지고 자꾸만 자녀의 의사를 물어보는 경우들이 많다. 대화는 주제를 특정하는 순간 주제에 부합한 이야기만 하게 될 것이고, 그럴 경우에 대화 자체는 일방적인 커뮤니케이션으로 확대될 가능성이 높다.
　그렇기 때문에 특정 주제에 대해서 자녀들의 생각을 직접적으로 묻는다면 단답형의 대답만 얻게 될 것이다.

　일상에서의 가벼운 소재를 가지고 이야기를 시작해야 한다.

서로 간의 일상을 공유하다 보면 자연스럽게 대화의 주제는 확대되고, 우리가 궁금했던 자녀들의 생각과 고민을 자연스럽게 알 수 있을 것이다.

자녀가 대화를 하지 않는다고 걱정하기 전에, 부부간의 대화 방식에는 문제가 없는지 한 번쯤 점검해 봐야 한다.

대화가 익숙하지 않은 가정에서 자녀들이 먼저 대화를 한다는 것은 어려운 일이다.

7

반전 대화

아침마다 지율이를 학교에 데려다주는 일은 참 번거로운 일이다.

물론 그 시간이 왕복 30여 분밖에는 안 되지만, 내 입장에서는 오전 일정이 있을 경우 꽤 많은 시간을 허비하는 셈이다.

"아빠, 오늘 학교에 데려다줄 수 있어?"

며칠 전, 평소보다 조금 늦게 일어난 지율이가 내 눈치를 보며 조심스럽게 이야기했다.

"뭐?"

"아니야······."

"아니, 지율아 무슨 소리 하고 있어?"

"응?"

"아빠의 하루는 너를 학교에 데려다주는 것으로 시작하고, 그건 아빠의 유일한 행복인데? 당연히 오늘도 아빠는 그 행복을 만끽하려고 하는데 왜 물어보지?"

"그래?"

"그럼."

옆에서 조마조마하게 나의 반응을 지켜보고 있던 아내가 갑자기 내 말에 웃음이 빵 터졌고, 지율이도 활짝 웃었다.

그날 이후로 지율이는 학교에 데려다 달라는 표현을 달리했다.

"아빠, 오늘도 행복을 만끽해야지?"

"당연하지."

매일 아침마다 아빠에게 데려다 달라고 하는 불편하고 부담스러운 부탁을, 매번 번거롭고 거절하기 어려운 아들의 부탁을, 우리는 행복이라는 단어로 통일시켜 버렸다.

부모들에게 사춘기 자녀와 대화하는 방식을 상황에 따라 달리 적용해야 된다고 이야기한다.

때로는 단도직입적으로 표현해야 되는 상황이 있고, 때로는 은유와 해학을 곁들여 유머러스하게 표현해야 되는 상황이 있다. 똑같은 이야기라도 기분 나빠할 수 있는 표현을 바꾸기만 해도 서로 유쾌하게 넘어갈 수 있다.

어차피 해 줄 것이라면 서로 기분 좋게 해 주는 것이 맞다.

"아빠, 나 5천 원만."

"5천 원?"

"응."

"왜?"

"오늘 친구들하고 놀기로 했거든."

"그저께 아빠가 용돈 주지 않았어?"

"응, 근데 좀 더 필요해서."

"무슨 소리 하고 있어? 제인아!"

"……."

"우리 공주가 놀러 가는데 고작 5천 원 가지고 돼? 아빠가 만 원 줄게."

"히히, 고맙습니다."

제인이가 친구들과 놀아야 한다면서 용돈을 달라기에 나는 정색을 하면서 이야기했다.

나의 갑작스러운 반응에 제인이는 잠깐 동안 시무룩해 있었지만, 5천 원보다 더 많은 돈을 준다는 말에 금방 화색이 돌았다.

어차피 줄 돈이라면 기분 좋게 주는 것이 맞다.

때로는 예상치 못한 반전 대화가 자녀들과의 관계를 더 돈독하게 해 주기도 한다.

아빠들의 유머와 해학은 센스다.

8

습관처럼 독서를 하게 된 계기

자녀들이 태어나면 육아용품이 하나둘씩 늘어나는 것과 동시에 집 안의 책장에 하나둘씩 책의 종류도 다양해진다. 아직 한글도 제대로 알지 못하는 자녀들이 책을 많이 읽었으면 하는 바람으로, 똑똑한 아이로 성장했으면 하는 부모의 바람으로 말이다.

그런데 현재 우리 자녀들은 활자보다는 영상에 익숙하다. 〈백설공주〉나 〈콩쥐팥쥐〉를 읽으며 자란 아이보다, 〈뽀로로〉와 〈타요〉 같은 영상을 보고 자라온 아이가 더 많다는 것이다. 그런 자녀들에게 독서를 바라는 것은 어쩌면 부모들의 공허한 기대이자 욕심일 수 있다.

작년 초등학교 6학년 1학기를 마치고, 제인이는 학교에서 다독아(책을 많이 읽은 학생)로 선정되었다. 제인이가 당시 읽었던 책은 총 134권이었으니 하루 평균 1.34권의 책을 읽은 셈이다. 그런데 학교 도서관에 없는 책들은 공공 도서관에서 읽기도 하고, 직접 구매해서 읽은 책도 있으니 실제 읽은 책의 양은 134권보다 더 많을 것이다.

대부분의 아이들이 그러하듯 제인이도 책보다는 유튜브 보는 것을 더 좋아했다. 그런 아이가 어느 날 갑자기 책을 읽고 다독아가 되었다는 것이 내 입장에서는 다소 신기하기도 했지만, 지금 생각해 보면 독서는 환경적 요인이 가장 중요하지 않나 생각해 본다.

아내는 특별한 일이 없으면 습관처럼 항상 독서를 한다.
평소에도 책을 읽는 모습을 꾸준히 보여 왔기 때문에, 그러한 모습이 어느 순간 제인이의 호기심을 자극하기 시작했던 모양이다.
"엄마, 무슨 책을 읽고 있어? 책이 그렇게 재미있어? 나도 한번 읽어 볼까?"
엄마에게 했던 질문으로 시작된 독서는 결국 습관으로 이루어졌다.

무엇보다 아이들에게 처음 읽는 책이 중요하다.
아무리 엄마가 책을 읽는 모습을 보인다 해도 처음 읽는 책이 재미없으면, 독서에 대한 흥미가 떨어질 수밖에 없다. 만화책이든 그림책이든 자녀들이 관심 있어 하는 분야의 책을 읽어야 하고 당연히 재미도 있어야 한다.
제인이에게 물어보니 도서관에서 처음 빌렸던 책이 너무 재미있어서 그때부터 책을 읽기 시작했다고 이야기하는 것으로 보아, 제인이의 삶에서 독서가 또 다른 즐거움이 된 것 같아 다행이었다.

대부분의 부모들이 자녀들에게 책을 읽으라고 잔소리를 하지만, 아이러니하게도 부모들은 책을 읽지 않는다. 또한 부모의 관심사를 기반으로 자녀의 책을 선정해 주었기 때문에 자녀들이 책에 대한 흥미를 느끼지 못했을 수도 있다.

무엇이든 자연스러운 것이 좋다. 부모의 잔소리로 인한 인위적인 독서는 오래도록 지속되기 힘들뿐더러, 그 자체가 지루한 노동과 숙제로 여겨질 수 있어 오히려 책에 대한 흥미를 완전히 잃어버릴 수도 있다.

독서의 환경이 만들어지고 자녀가 호기심을 가질 때, 자연스럽게 자녀가 관심 있어 하는 분야의 책을 볼 수 있도록 도와주길 바란다.

자녀는 어쩌면 그때부터 무한한 상상력을 발휘하며 책이라는 새롭고 무궁무진한 세상에 심취할 수 있을 것이다.

제인이가 앞으로 1,000권의 책을 읽겠다고 다짐한 것은 아내의 독서 습관이 제인이에게 그대로 전달이 되었기 때문이 아닐까 생각해 본다.

자녀들의 좋은 습관은 결국 부모들에게 영향을 받는다.

에필로그

"마음의 소리를 듣고, 마음의 빛을 따라가라"

너의 의지는 바위처럼 단단하고
너의 미소는 햇살처럼 눈부시다.
너의 어깨는 바다처럼 광활하고
너의 눈매는 사자처럼 용맹하다.

아주 고요한 밤
눈을 감고,
네 마음의 소리를 듣고,
네 마음의 빛을 따라가라.

너의 두려움은 허상(虛像)이다.

너는 세상을 가질 것이고,
너는 사람을 포용할 것이다.

마음의 소리를 듣고,
마음의 빛을 따라가라.

-2022년 고등학교 입학하는 아들에게 쓴 글-